westermann

W0062597

PASSWORT
LUPE

Ganz leicht!

Erarbeitet von
Simone Bätz
Madeleine Bruns
Kerstin Schöning

Illustriert von
Cesare Asaro
Matthias Berghahn
Zapf

2 Arbeitsheft

INKLUSIV
Druckschrift

PASSWORT LUPE

Arbeitsheft 2
INKLUSIV Druckschrift

Viele Grüße!
Euer LUPE-Team

Erarbeitet von
Simone Bätz, Offenburg
Madeleine Bruns, Osnabrück
Kerstin Schöning, Offenburg

Auf der Grundlage des PASSWORT LUPE Arbeitsheft 2, erarbeitet von
Olesia Belenko, Osnabrück, Ursula Emanuel, Nordstemmen, Marie-Claire Kirchhoff, Koblenz, Kerstin Schöning, Offenburg, Katharina Strick, Bremen

Illustriert von
Cesare Asaro, Wien
Matthias Berghahn, Bielefeld
Michael Stapper, Berlin
Zapf, Wien

Bildquellen: |fotolia.com, New York: goldbany 41.1. |iStockphoto.com, Calgary: bigjom 101.1; Sherrod-photo 100.1.

Wir arbeiten sehr sorgfältig daran, für alle verwendeten Abbildungen die Rechteinhaberinnen und Rechteinhaber zu ermitteln. Sollte uns dies im Einzelfall nicht vollständig gelungen sein, werden berechtigte Ansprüche selbstverständlich im Rahmen der üblichen Vereinbarungen abgegolten.

Druck A[1] / Jahr 2022
Alle Drucke der Serie A sind im Unterricht parallel verwendbar.

Redaktion: Jana de Blank, Berlin
Gesamtlayout: blum design und kommunikation GmbH, Hamburg
Umschlaggestaltung: blum design und kommunikation GmbH, Hamburg; mit Illustrationen von Zapf
Layout: PER Medien, Braunschweig; Druckreif! Annette Henko, Braunschweig
Druck und Bindung: Westermann Druck GmbH, Braunschweig

ISBN 978-3-14-**141531**-5

Inhalt

Inhalt

Buchstabenübersicht

 A a — A a

 Ä ä — Ä ä

 B b — B b

 C c — C c

 D d — D d

 E e — E e

 F f — F f

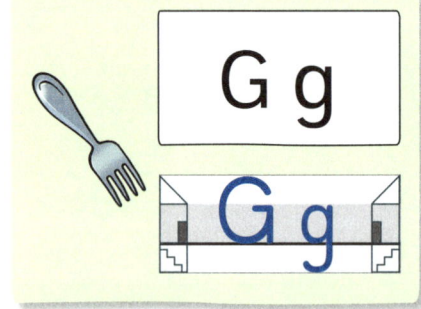 G g — G g

 H h — H h

 I i — I i

ie

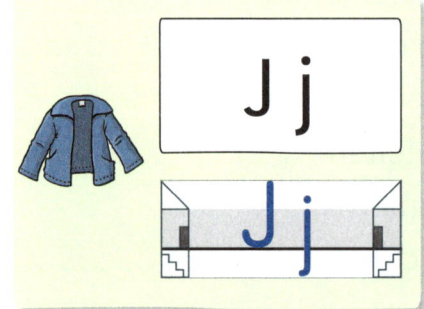 J j — J j

 K k — K k

 L l — L l

 M m — M m

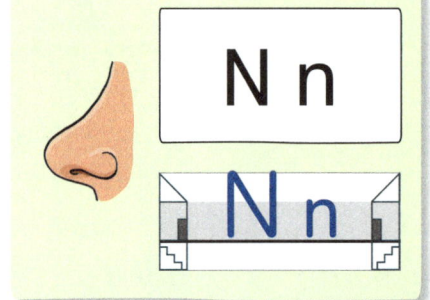 N n — N n

O o
O o

Ö ö
Ö ö

P p
P p

Qu qu
Qu qu

R r
R r

S s
S s

T t
T t

U u
U u

Ü ü
Ü ü

V v
V v

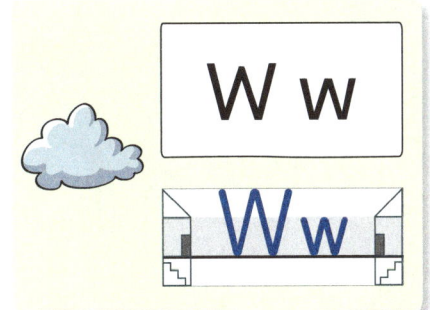

W w
W w

X x
X x

Y y
Y y

Z z
Z z

ß
ß

Das sind wir:

Hallo, ich bin Umut!
Ich erzähle gern Geschichten,
besonders über
unsere Detektivabenteuer.

Hallo,
ich heiße Lulu.
Meine Hobbys sind
Malen und Judo.

Ich heiße Elsa.
Mein kleiner Hund Uno
folgt mir
auf Schritt und Tritt.

Hi, ich bin Paul.
Meine allerbeste Freundin
ist meine Hündin Murmel.

Kapitel 1

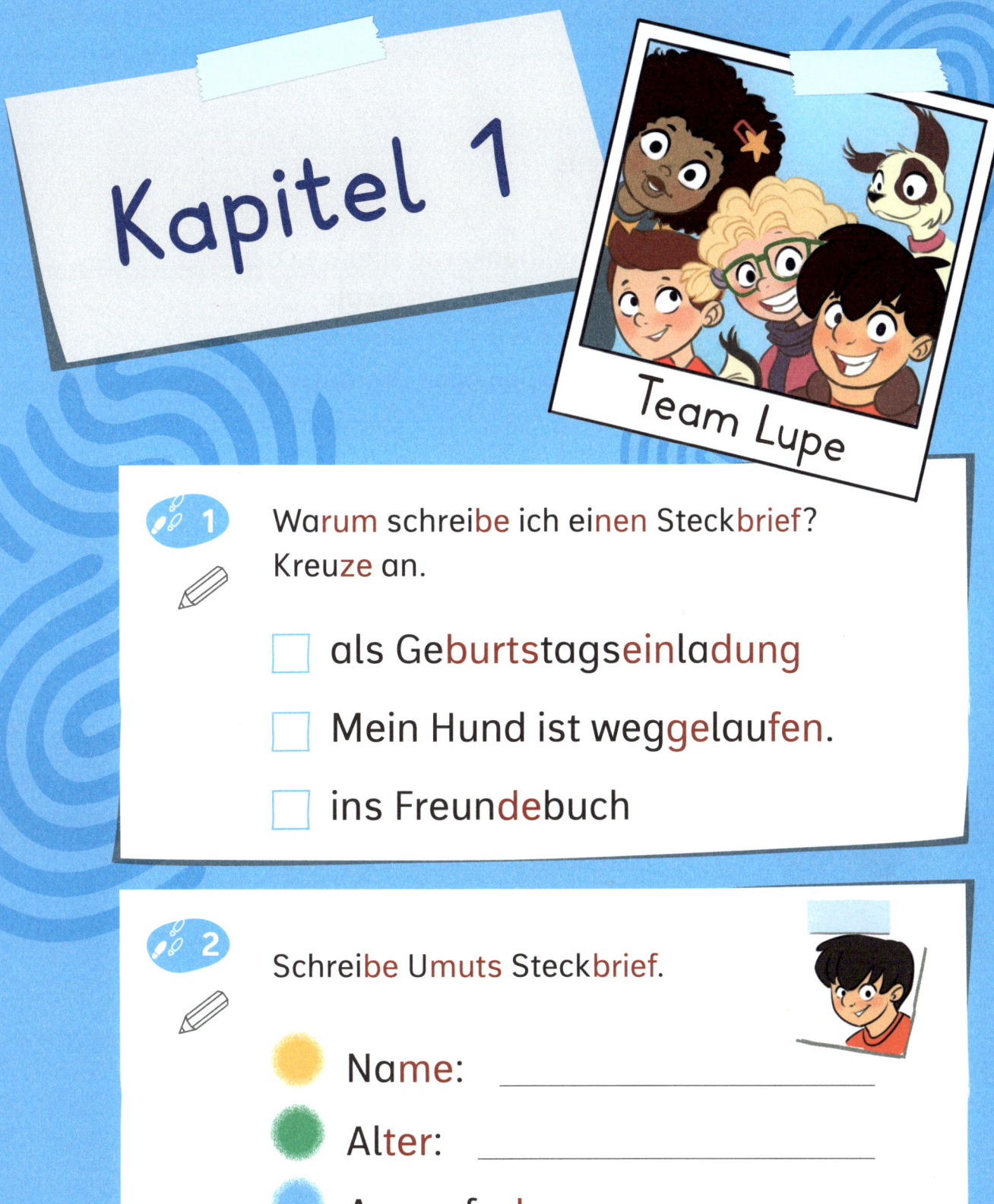

Team Lupe

1 Warum schreibe ich einen Steckbrief?
Kreuze an.

☐ als Geburtstagseinladung

☐ Mein Hund ist weggelaufen.

☐ ins Freundebuch

2 Schreibe Umuts Steckbrief.

🟡 Name: _____

🟢 Alter: _____

🔵 Augenfarbe: _____

⚫ Haarfarbe: _____

🟣 Lieblingsfach: _____

1 Markiere die Silbenkerne.

Die **Silbenkerne** sind a e i o u.
Sie heißen auch **Vokale**.
Auch ä ö ü sind Silbenkerne.
Sie heißen auch **Umlaute**.

| ma | ro | wi | so | le | mi | fa | to | ka | lü | rö | schä |

| kro | pla | kni | schla | kna | zwi | flö | knü | plä |

2 Markiere die Silbenkerne.

Auch au ei eu und äu sind **Silbenkerne**.
Sie heißen auch **Zwielaute**.

 Maus   Leiter

 Blitz    Auto

 Hose   Eimer

 Eule   Beule

 Regenbogen   Vogelhaus

1 Kreise d ein.

d d b p d q b d d b a q b d a p a b d a d

2 Kreise v ein.

v x w v u w x v n v v w x v u w x w v v w

3 Schreibe die Namen. Schreibe die Silbenkerne.

U E
u u u
u a e

L __ l __

__ __ m __ __ t

__ __ l s __ __

M __ __ rm __ __ l

4 Kreise die Reimwörter ein.

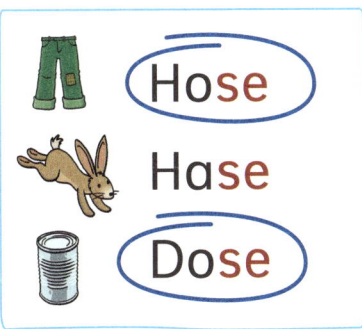

Hose
Hase
Dose

Hand
Hund
Mund

Zwerg
Berg
Burg

Gut starten › gleiche Buchstaben erkennen
› in Silben den Silbenkern erkennen
› Reimwörter erkennen

11

Das ABC kennen und üben

A
B
C
D
E
F
G
H
I
J
K
L
M
N
O
P
Qu
R
S
T
U
V
W
X
Y
Z

 **1** Verbinde die Buchstaben nach dem ABC.
Welches Tier ist das? Sage es einem Partnerkind.

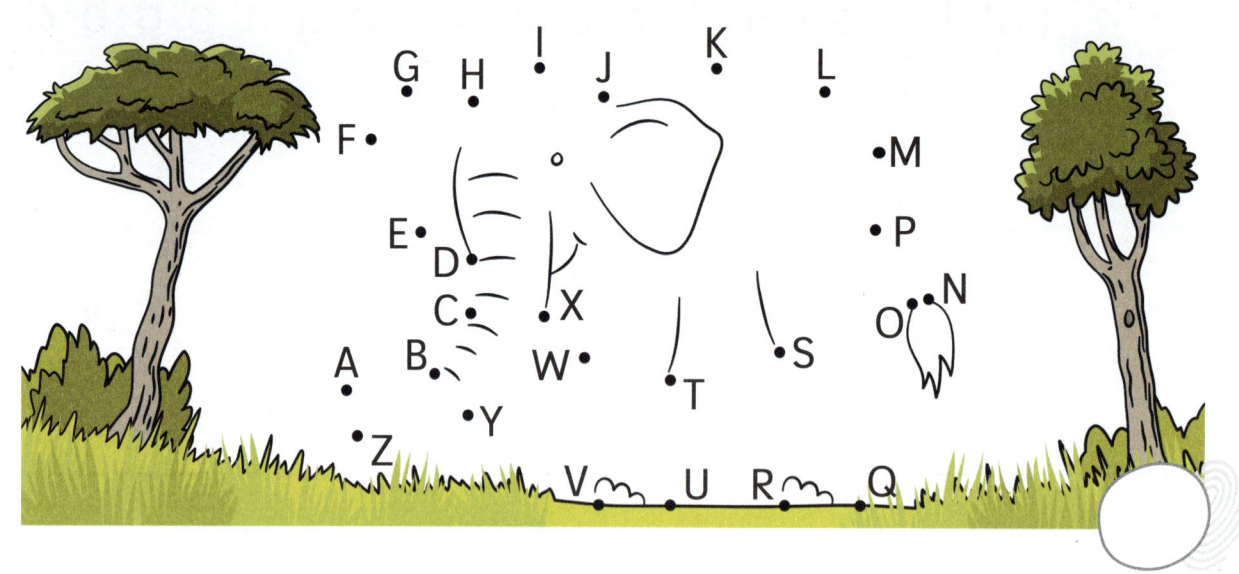

Gut gemacht!

 **2** In der Kette sind falsche Buchstaben. Streiche sie durch.

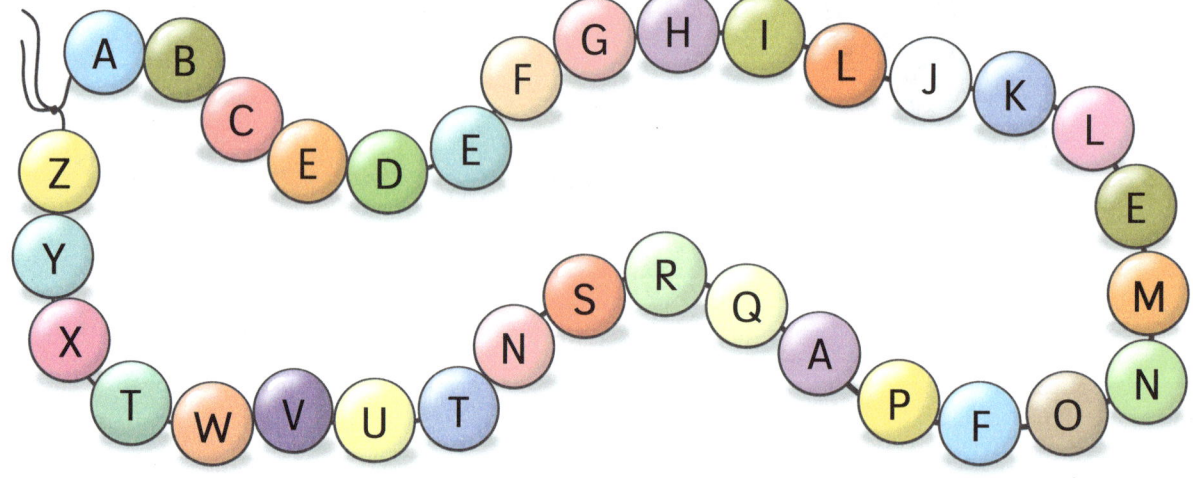

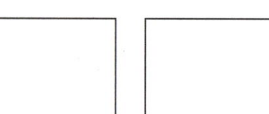 **3** Schreibe die falschen Buchstaben auf.
Was ist das Lösungswort?

1 Schreibe die fehlenden Buchstaben.

A B C _ _ E F _ H I J _ L _ N

O P _ R S _ U V _ X Y _

2 Schreibe die fehlenden Buchstaben.

a b _ d e _ _ g h _ _ j

n o _ q r s

k l

t u _ w _ _ y

a b c d e f g h i j k l m n o p qu r s t u v w x y z

Sprache untersuchen   › Alphabet als Ordnungssystem kennenlernen   › Sprachbuch, Seite 16
                       › grundlegende sprachliche Begriffe: Abc

13

Wörter nach dem ABC ordnen

A B C D E F G H I J K L M N O P Qu R S T U V W X Y Z

1 Lies die Wörter. Kreise den Anfangsbuchstaben ein.
Ordne die Wörter nach ABCDE. Schreibe.

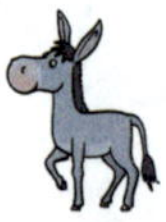
Esel

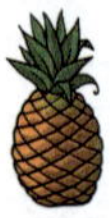
Ananas

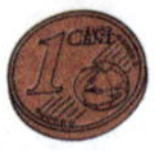
Cent

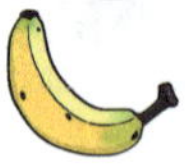
Banane

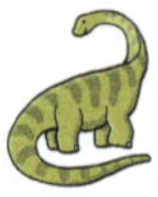
Dino

Ananas

B

2 Lies die Wörter. Kreise den Anfangsbuchstaben ein.
Ordne die Wörter nach FGHI. Schreibe.

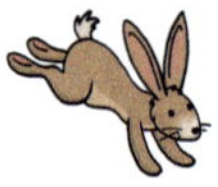
Hase

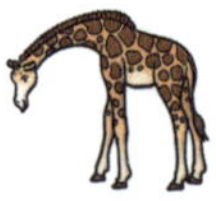
Giraffe

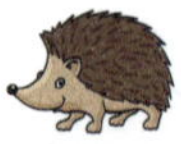
Igel

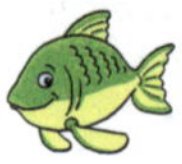
Fisch

Fisch

1 Lies die Wörter. Kreise den Anfangsbuchstaben ein.
Ordne die Wörter nach JKLMN. Schreibe.

Jo-Jo
Nashorn
Kiste
Messer
Laterne

Jo-Jo

---

2 Lies die Wörter. Kreise den Anfangsbuchstaben ein.
Ordne die Wörter nach OPQuR. Schreibe.

Oma
Roller
Quark
Paket

Oma

A
B
C
D
E
F
G
H
I
J
K
L
M
N
O
P
Qu
R
S
T
U
V
W
X
Y
Z

A
B
C
D
E
F
G
H
I
J
K
L
M
N
O
P
Qu
R
S
T
U
V
W
X
Y
Z

1 Lies die Wörter. Kreise den Anfangsbuchstaben ein.
Ordne die Wörter nach STUVW. Schreibe.

Salami

Wal

Vogel

Ufo

Tasse

Salami

_____

_____

_____

_____

_____

2 Lies die Wörter. Kreise den Anfangsbuchstaben ein.
Ordne die Wörter nach XYZ. Schreibe.

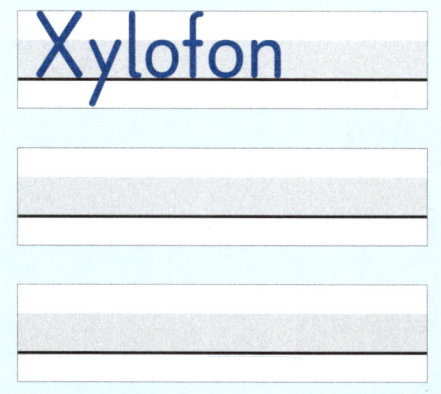

Xylofon

Zebra

Yak

Xylofon

_____

_____

3 Sage das ABC auf. Sage es einem Partnerkind.

Gut gemacht!

1 Kreise den Anfangsbuchstaben ein.
Ordne die Wörter nach dem ABC. Schreibe.

Ente

(A)ffe

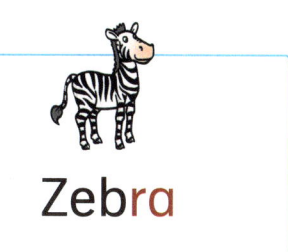

Zebra

Pony

Löwe

Maus

1. A

2.

3.

4.

5.

6.

2 Kreise die Anfangsbuchstaben ein.
Ordne die Wörter nach dem ABC.
Schreibe erst die Anfangsbuchstaben, dann die Wörter.

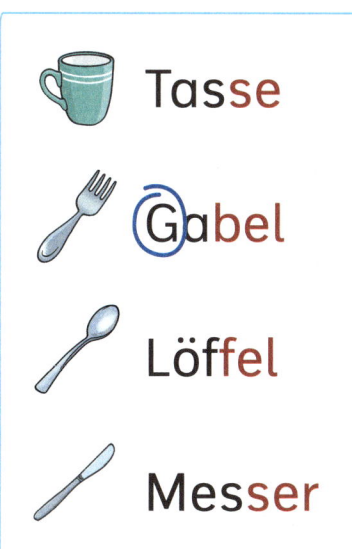

Tasse

(G)abel

Löffel

Messer

G

Sprache untersuchen › das Abc als Ordnungssystem verwenden   › Sprachbuch, Seite 17
› Wörter nach dem Abc geordnet aufschreiben

17

 **1** Lies die Wörter. Markiere die Silbenkerne.

| Topf | Melone | Hund | Salami | Meise |
| Hut | Raupe | | Gurke | Rakete |

 **2** Ordne die Wörter aus Aufgabe 1.
 Schreibe sie in die Tabelle.

▭	▭ ▭	▭ ▭ ▭
Topf		

 **3** Schwinge. Schreibe die Wörter.
 Markiere die Silbenkerne.

 Hut

 **1** Schwinge. Setze die Silbenbögen.
Schreibe die Silbenkerne.

Schwinge die Silben.
In jeder Silbe ist ein Silbenkern.

a e

 **2** Lies die Wörter langsam und deutlich.
Markiere die Silbenkerne.

Melone

Schaf

Reifen

Telefon

Leiter

Hose

Wal

Rakete

 **3** Setze die Silbenbögen unter die Wörter von Aufgabe 2.
Zeige deine Lösung einem Partnerkind.

Gut gemacht!

 **1** Setze die Wörter zusammen. Verbinde.

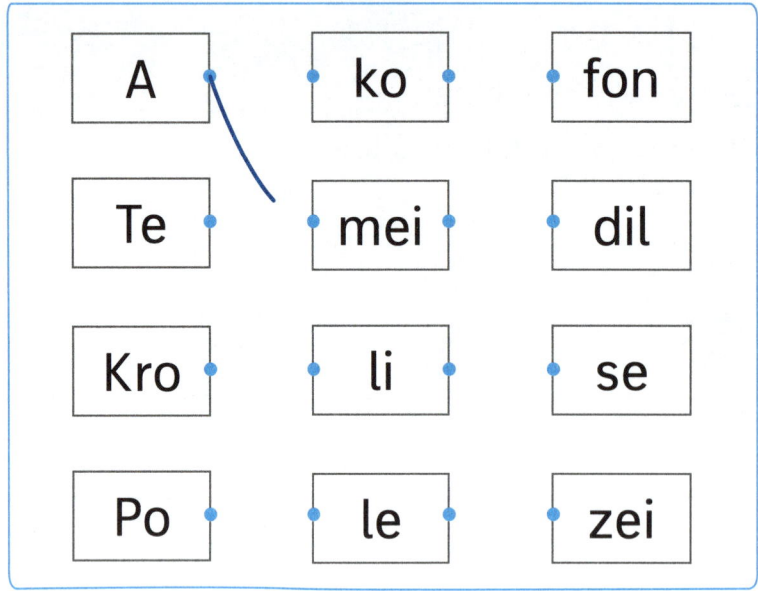

A	ko	fon
Te	mei	dil
Kro	li	se
Po	le	zei

 **2** Schreibe die Wörter aus Aufgabe 1.

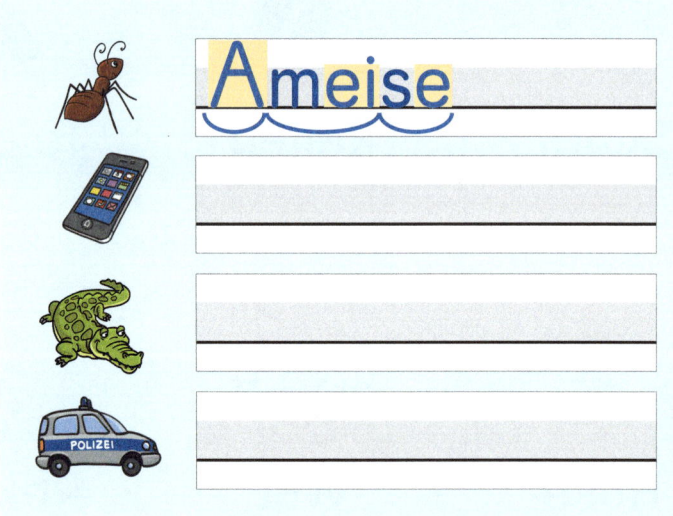

Ameise

 **3** Setze die Silbenbögen in Aufgabe 2.
Markiere die Silbenkerne.

1 Schwinge. Setze die Silbenbögen. Schreibe.

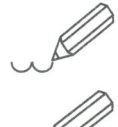

Of **e** n

Leit ___ r

Pins ___ l

2 Schneide die **blauen** Karten aus.
Lege die **blauen** Karten
in die richtigen **blauen** Felder.

Ku	fel
Ta	te
Kis	chen

---

1 Schwinge. Setze die Silbenbögen.
Schreibe die fehlenden Silbenkerne.

Ros e	Wint___r	Blum___	Daum___n

Mant___l	Wolk___	Möw___	Tunn___l

2 Schreibe die Wörter.
Die **grünen** Karten helfen dir.

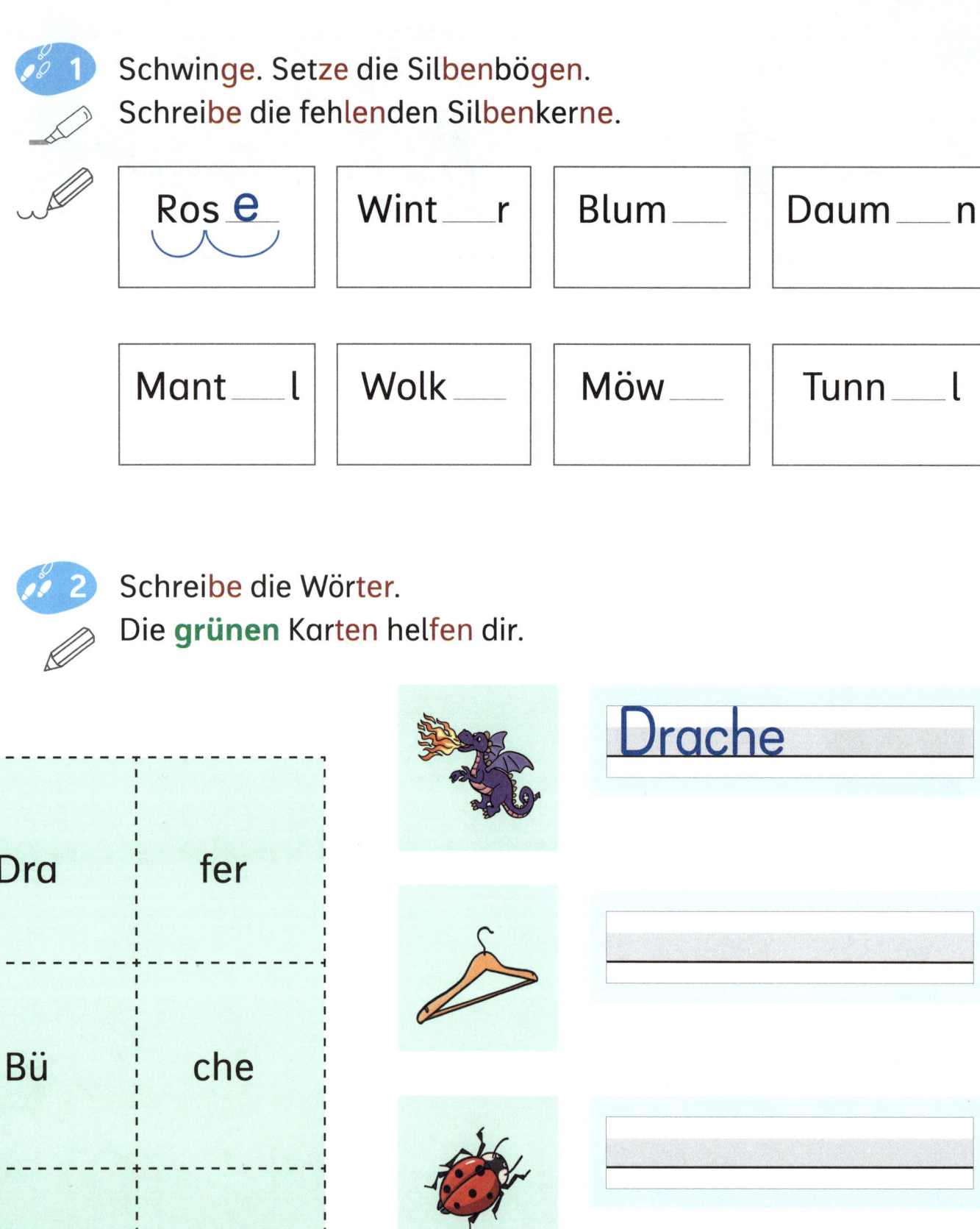

Dra	fer
Bü	che
Kä	gel

Drache

___

1 Schreibe die Wörter. Setze die Silbenbögen.

~~Gar-~~	Be-	An-		-fel	-ker	-fel
Ham-	Rei-	Löf-		-fen	~~-ten~~	-sen
Ta-	Am-			-pel	-mer	

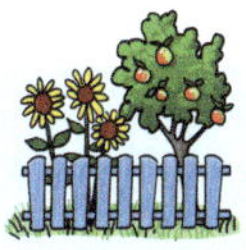

Garten

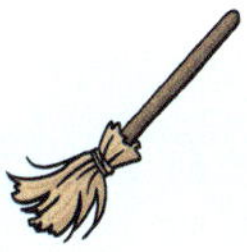

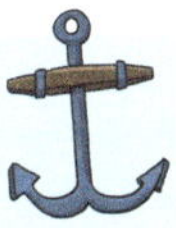

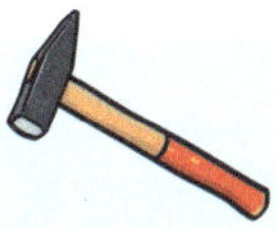

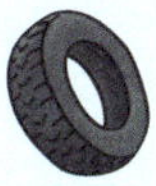

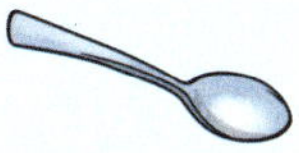

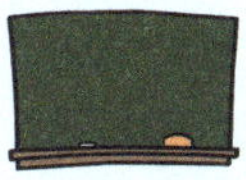

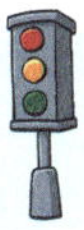

2 Zeige deine Wörter einem Partnerkind.
Lies ihm die Wörter vor.

Gut gemacht!

1 Lies den Text.

Ich heiße Ria und bin 8 Jahre alt.

Meine Augen sind braun .

Meine Haare sind blond .

Ich mag Sport in der Schule am liebsten.

Ich kann gut reiten.

Darum ist das Pferd mein Lieblingstier.

Ich mag gerne Nudeln .

2 Schreibe Rias Streckbrief.

Steckbrief

- Name: Ria _____
- Alter: _____
- Augenfarbe: _____
- Haarfarbe: _____
- Lieblingsfach: _____
- Lieblingstier: _____
- Lieblingsessen: _____

Die Farben helfen dir.

 **1** Schreibe einen Steckbrief von Murmel.

 Male Murmel.

Steckbrief

Name: _____

Alter: _____

Augenfarbe: _____

Aussehen: _____

Größe: _____

 **2** Schreibe einen Steckbrief über dich.

Steckbrief

Name: _____

Alter: _____

Augenfarbe: _____

Haarfarbe: _____

Lieblingstier: _____

 **3** Lies deinen Steckbrief einem Partnerkind vor.

Gut gemacht!

Das kann ich jetzt!

 **1** Kreise die Anfangsbuchstaben ein.
Ordne die Wörter nach dem ABC.
Verbinde.

Hose

Blitz

Leiter

Gabel

Ameise

 **2** Schreibe die Endungen.
 Achte auf den Silbenkern in der Endung.

Eim_____

Löff_____

Reif_____

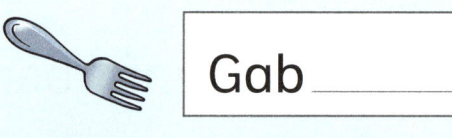

Gab_____

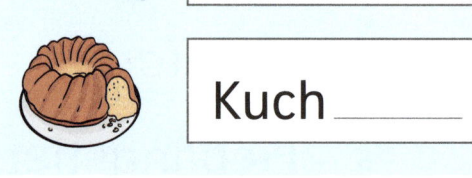

Kuch_____

Das kann ich!

Kapitel 2

 **1** Wer ist wer? Ver**bin**de.

 **2** Tra**ge** die Buch**sta**ben ein.

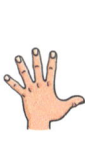

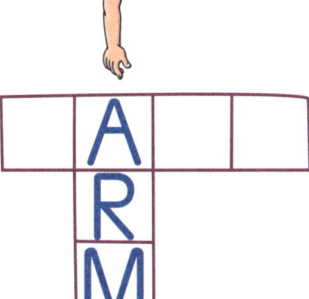  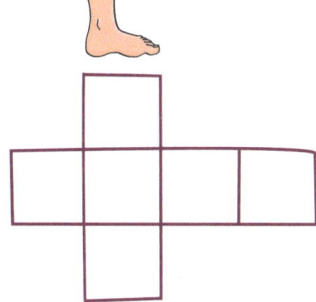

 **3** Ma**le** dei**nen** Umriss.
Ar**be**ite mit ei**nem** Part**ner**kind.

Gut gemacht!

1 Schreibe deinen Namen in vielen Farben und Größen.

2 Male dich und deine Freundin oder deinen Freund.

3 Schreibe die großen und die kleinen Buchstaben.

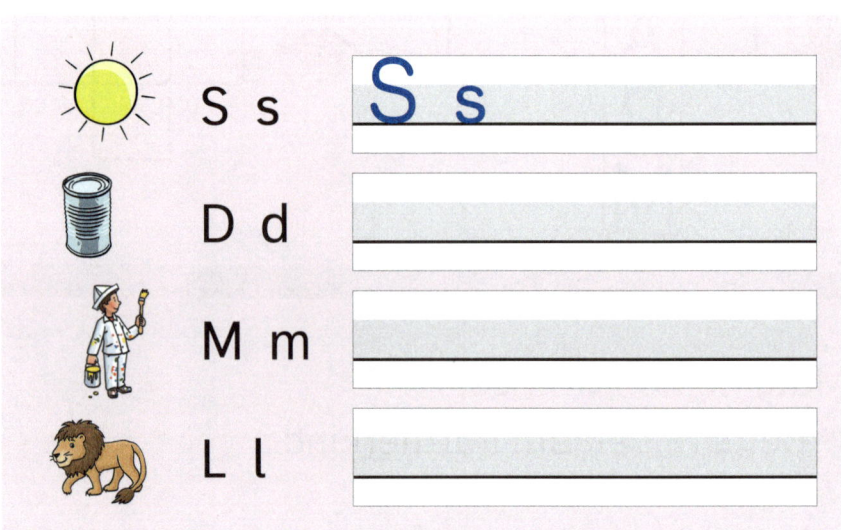

S s

D d

M m

L l

Gut starten
› den eigenen Namen schreiben
› Groß- und Kleinbuchstaben schreiben

 **1** So heißen meine Freunde. Schreibe.

 **2** Wie fließt das Wasser um die Blätter? Male.

 **1** Was ist das? Kreuze an.

 Kreise die Punkte am Satzende ein.

Er ist dick.

Er ist an meiner Hand.

Ich habe zwei davon.

☐ 👍

☐ 🦶

Er ist rot.

Er ist in meinem Gesicht.

Ich spreche damit.

☐ 👄

☐ 👃

 **2** Schreibe ein Rätsel.

 Kreise die Punkte am Satzende ein.

Es ist am _____ .

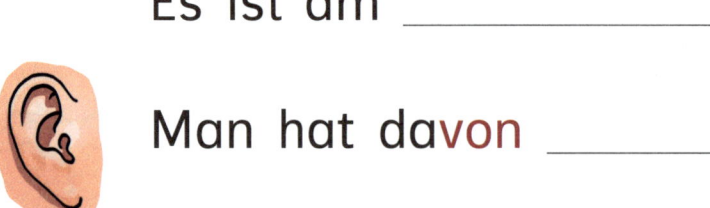 Man hat davon _____ .

Man kann damit _____ .

| zwei | Kopf | hören |

Sprache untersuchen   › Struktur eines Satzes erkennen   › Sprachbuch, Seite 30
   › Satzschlusszeichen kennenlernen
   › Punkt am Satzende setzen

 **1** Verbinde. Kreise die Punkte am Satzende ein.

Mit der Nase kann ich	• greifen.
Mit der Beinen kann ich	• riechen.
Mit der Augen kann ich	• laufen.
Mit der Hand kann ich	• sehen.

 **2** Was kannst du? Schreibe.

Kreise die Punkte am Satzende ein.

Ich kann rennen.

Ich kann _____

_____

_____

 **3** Zeige deinem Partnerkind, was du kannst.

Gut gemacht!

 **1** Lies die Fragen.

(Was) machst du?

Wer bist du?   Wo bist du?

Warum lachst du?

 **2** Schreibe die Fragewörter.
Schreibe die Fragezeichen.

Es gibt mehrere Möglichkeiten.

| Wo | Wann | Wer | Warum | Wie | Was |

_____ gehst du zur Schule _____

_____ lachst du gerne _____

_____ ist dein Freund _____

_____ spielst du am liebsten _____

 **3** Was fragst du dein Partnerkind? Schreibe.

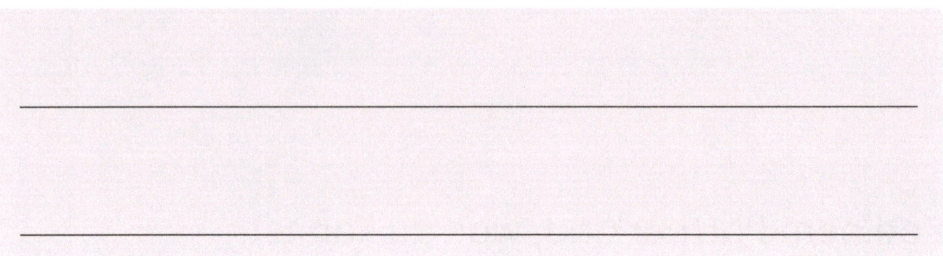

Gut gemacht!

 **1** Was passt zusammen?
Male Frage und Antwort mit der gleichen Farbe an.

Wer ist im Wasser?

Der Kiosk ist vorne am Eingang.

Wem gehört der Schwan?

Wir gehen in einer Stunde.

Wo ist der Kiosk?

Der Schwan gehört mir.

Wann gehen wir nach Hause?

Paul ist im Wasser.

 **2** Kreise in Aufgabe 1 die Fragezeichen ein.
 Kreise in Aufgabe 1 die Punkte ein.

Sprache untersuchen   › unterschiedliche Satzarten erkennen: › Sprachbuch, Seite 32, 34
Fragen und Antworten
› Satzschlusszeichen setzen: Fragezeichen, Punkt

33

 **1** Lies die Sätze einem Partnerkind vor.
Kreise die Satzanfänge ein.

> Ⓘch renne gerne schnell.
>
> Am liebsten spiele ich Ball.
>
> Und ich treffe gerne Freunde.
>
> Darum spiele ich Fußball.

Gut gemacht!

 **2** Was machst du gerne? Male und schreibe.

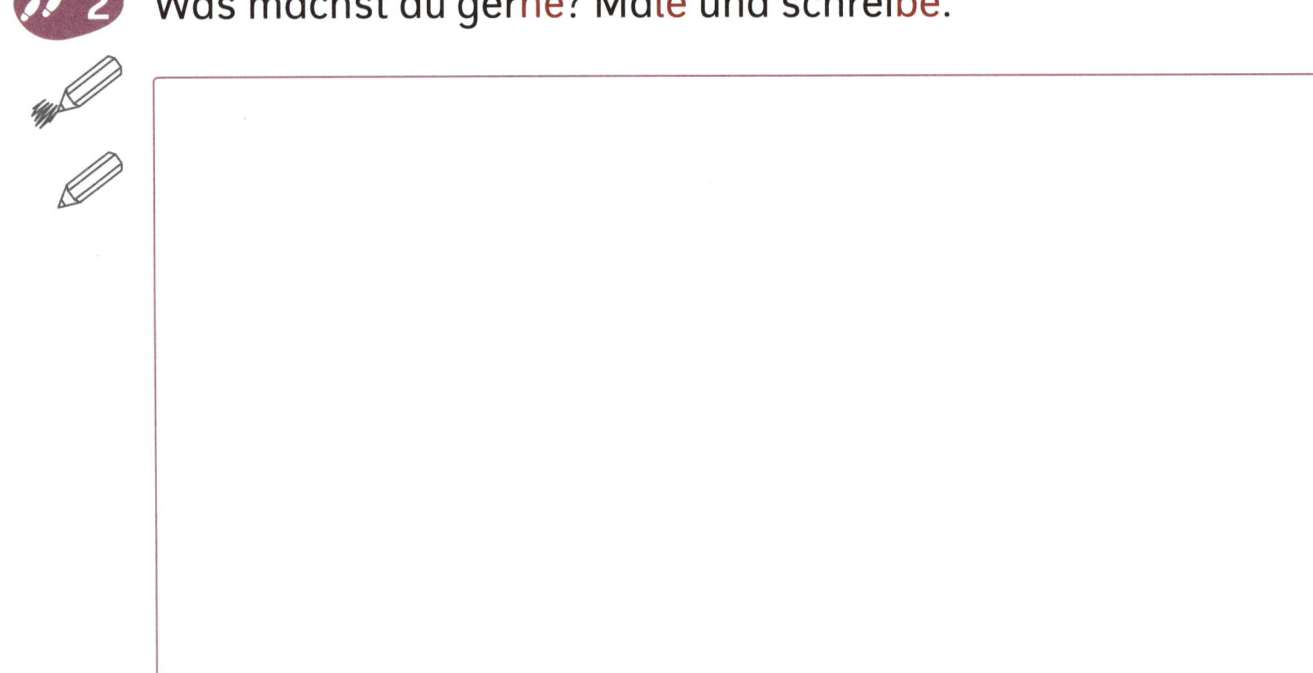

Ich

1 Kreise die Satzanfänge ein.
Schreibe die Sätze.

| Die Jungen | im See. | schwimmen |

_____

| springt | Lulu | vom Turm. |

_____

2 Schreibe die Satzanfänge.

| Schnell   In   Auf einmal |

_____ der Pause spielen alle

Kinder auf dem Hof.

_____ verletzt sich

Umut am Bein.

_____ holt Lulu ein Pflaster.

Sätze lesen und verstehen

1 Lies und verbinde.

Wo wachsen Karotten?	Mit Kräutern würzt man Essen.
Welche Farbe haben Tomaten zuerst?	Karotten wachsen unter der Erde.
Wozu braucht man Kräuter?	Tomaten sind zuerst grün.

2 Welches Wort passt? Kreuze an.

Karotten ▨▨▨ unter der Erde.

☐ wachsen
☐ laufen

Gemüse ist ▨▨▨ .

☐ lustig
☐ gesund

Obst ▨▨▨ man auf dem Markt.

☐ spielt
☐ kauft

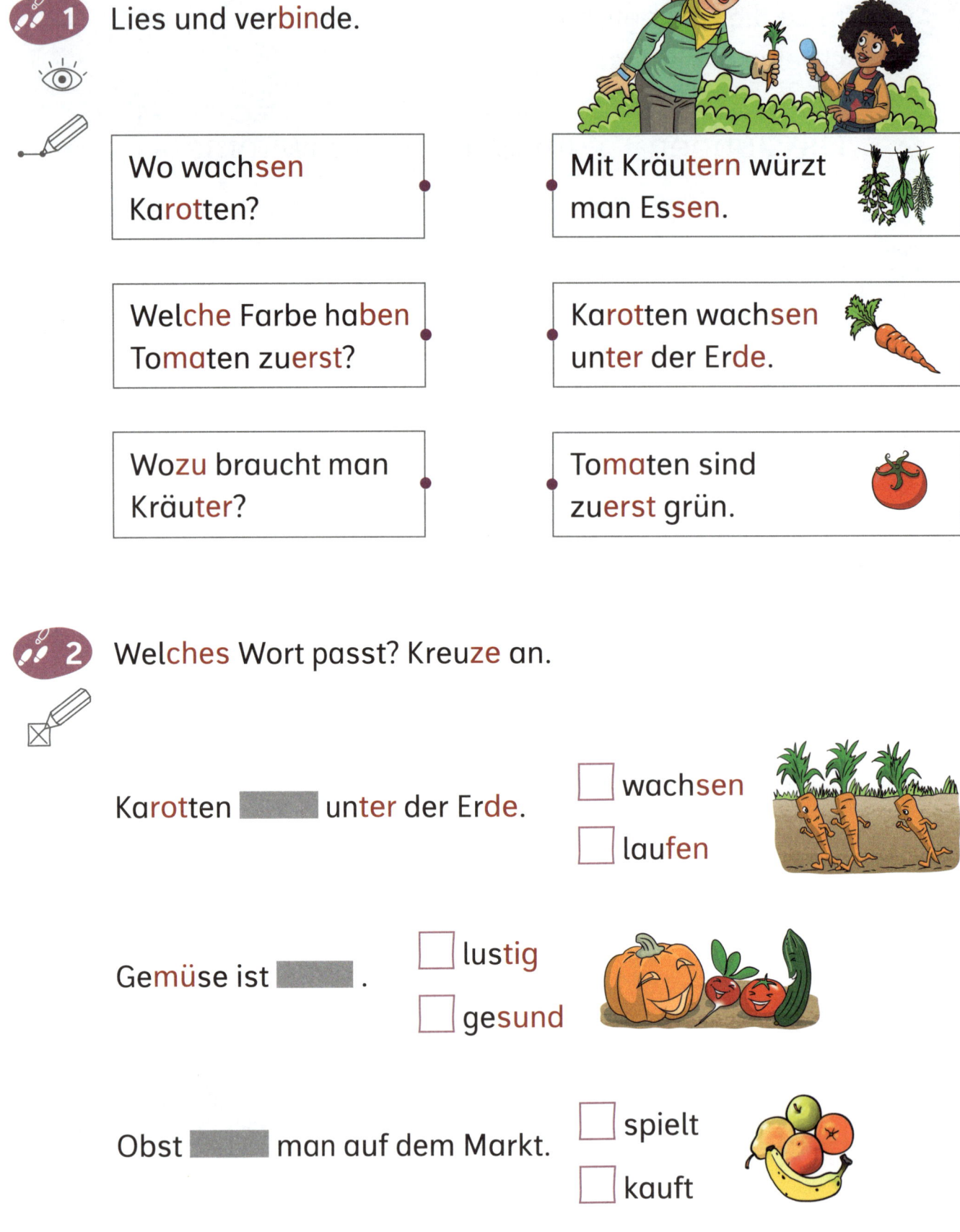

 **1** Lies die Rätsel. Male und schreibe.

 Was ist das?

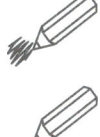 Es ist lang.

Es ist grün.

Man macht daraus Salat.

Was ist das?

Es ist lang.

Es ist gelb.

Es schmeckt süß.

 **2** Welche Wörter passen nicht? Streiche durch.

 Die Kinder machen fliegen einen Ausflug.

Alle fressen fahren mit dem Fahrrad.

Murmel frisst den Fernseher Knochen.

Lesen › Merkmale von Rätseln kennenlernen › Sprachbuch, Seite 29 **37**
› Textmodelle kennenlernen: Rätsel
› zu Texten malen und schreiben

 **1** Lies die Geschichte.

1 Umut will _____ kochen.

2 Auf dem Markt kauft er _____ .

3 Mit dem _____ schneidet er

4 alles klein.

5 Dann füllt er Gemüse und Wasser

6 in den _____ . Alles kocht.

7 Mama freut sich. Die Suppe ist lecker.

 **2** Setze die Wörter in Aufgabe 1 ein. Schreibe.

| Suppe | Gemüse | Topf | Messer |

 **3** Was kommt in deine Suppe? Male und schreibe.

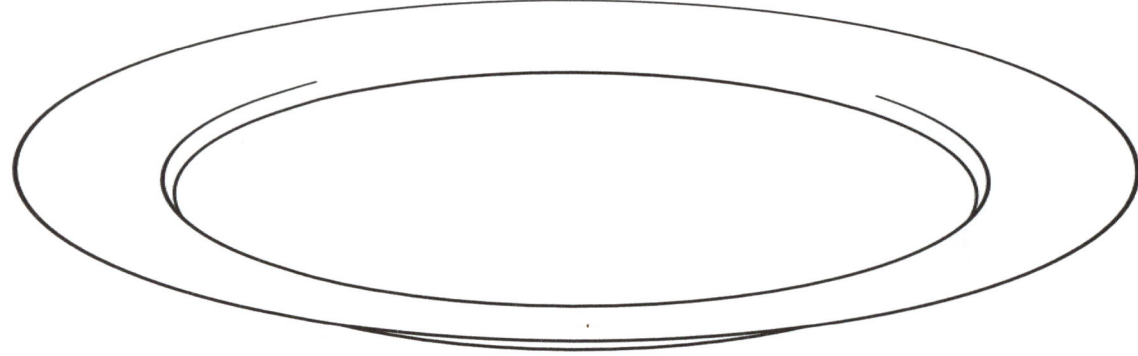

› eine Geschichte lesen
› eine Geschichte ergänzen
› zu Texten malen und schreiben

› Sprachbuch, Seite 28, 29

 **1** Lies den Text und kreuze an.

1 Die Kiwi ist eine Frucht.

2 Sie ist innen grün und

3 hat viele schwarze Kerne.

4 Umut mag Kiwis.

5 Die Kiwi-Frucht schmeckt süß.

Wie schmeckt die Kiwi-Frucht?

☐ salzig   ☐ süß

 **2** Lies den Text und kreuze an.

1 Es gibt auch einen Vogel,

2 der Kiwi heißt.

3 Er lebt in Neuseeland.

4 Der Kiwi-Vogel ist braun.

5 Er kann nicht fliegen.

6 Sein Schnabel ist lang.

Was kann der Kiwi-Vogel nicht?

☐ fressen   ☐ fliegen

Das kann ich jetzt!

1 Schreibe die Sätze ab und kreise die Satzschlusszeichen ein.

Umut kocht Suppe.

Was kauft Lulu ein?

2 Setze den Satzanfang ein. Schreibe.

Heute	Viele

_____ Leute sind auf dem Markt.

_____ kauft Elsa Salat und Tomaten.

3 Lies. Verbinde.

Es schmeckt in der Suppe.

Es ist rund.

Es ist rot.

Tomate   Erbse

Es ist grün.

Es ist rund.

Es schmeckt als Soße.

Das kann ich!

Kapitel 3

1 Lies das Gedicht. Was ist das?

1 Es ist grün und hängt am Ast.

2 Es hat Stacheln und öffnet sich fast.

3 Dann bricht der grüne Stern.

4 Drin steckt ein brauner Kern.

Es ist eine _____ .

2 Finde die Reimwörter. Verbinde.

1 Verbinde die Reimwörter.

Fisch	Wal	Löwe	Schwein

   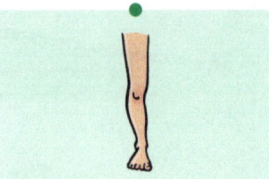

2 Kreise die Reimwörter ein.

 Hose
 Rose
 Maus

 Turm
 Nagel
 Wurm

 Frosch
 Tisch
 Fisch

3 Lies die Sätze.

Kreise die Reimwörter ein.

Auf dem hohen, braunen Tisch

steht ein Glas mit einem Fisch.

Mittags in der warmen Sonne

schwimmt ein Wal in einer Tonne.

 **1** Lies die Gedichte. Kreise die Reimwörter ein.

 Hinter der Hecke

 versteckt sich die Schnecke.

In einem schönen Haus
sitzt eine süße Maus.

Der kleine freche Hase
popelt in der Nase.

Auf der grünen Wiese
liegt ein netter Riese.

 **2** Spure nach.

Nomen kennenlernen

 **1** Lies die Wörter. Verbinde.

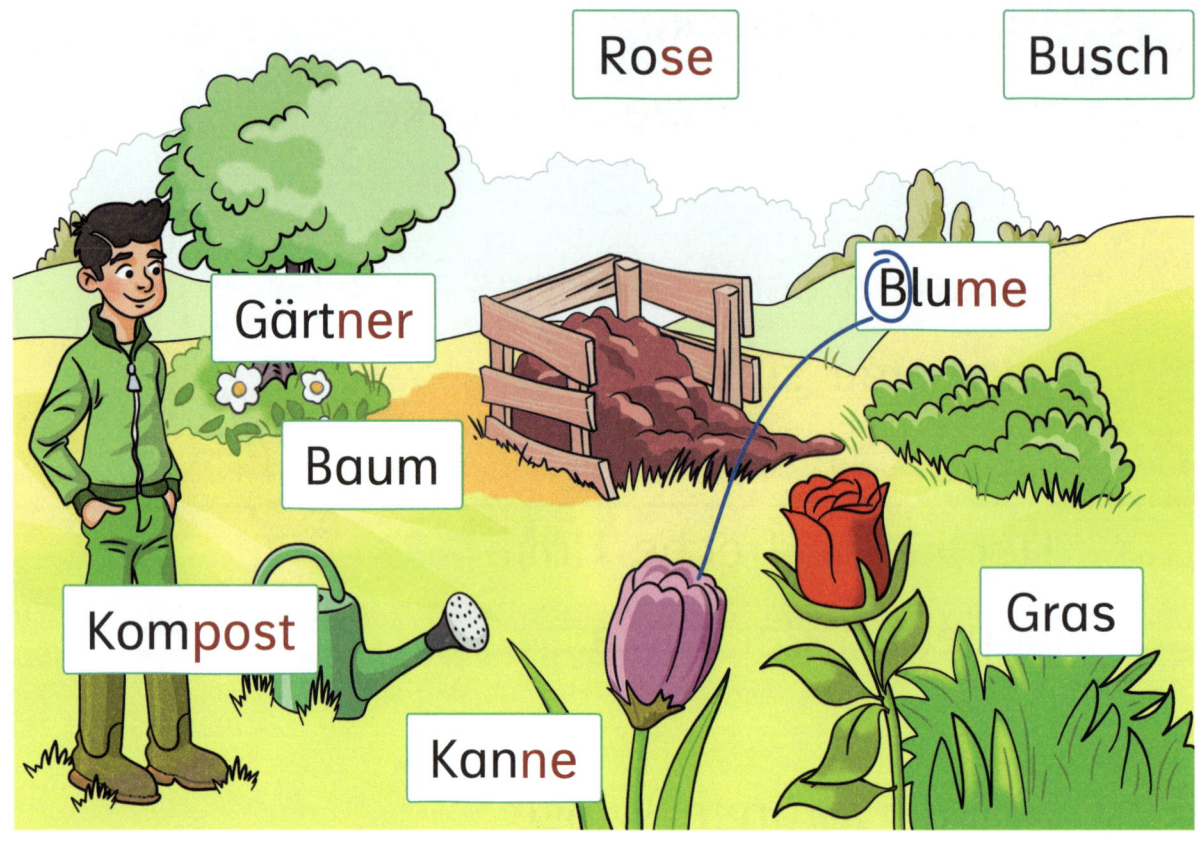

Rose

Busch

Gärtner

Blume

Baum

Kompost

Gras

Kanne

 **2** Kreise die Großbuchstaben am Anfang der Wörter
in Aufgabe 1 ein.

 **3** Kreise die Großbuchstaben ein. Schreibe die Wörter.

Ⓐ a — Amsel

L l —

R r —

W w —

M m —

U u —

Sprache untersuchen   › Merkmale von Nomen kennenlernen   › Sprachbuch, Seite 48, 50
› Leistungen von Wortarten untersuchen

 **1** Kreise die Großbuchstaben am Anfang ein.

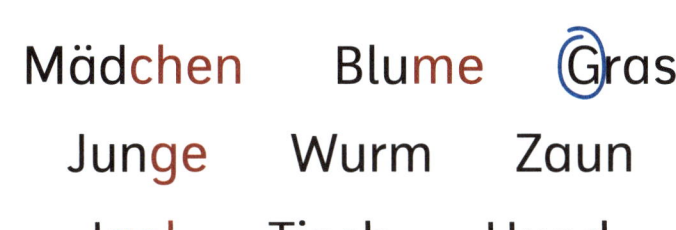

Mädchen	Blume	Gras
Junge	Wurm	Zaun
Igel	Tisch	Hund

 **2** Schreibe die Wörter von Aufgabe 1. Kreise die Großbuchstaben am Anfang ein.

G g Gras

M m

J j

T t

I i

B b

H h

W w

Nomen kennenlernen und großschreiben

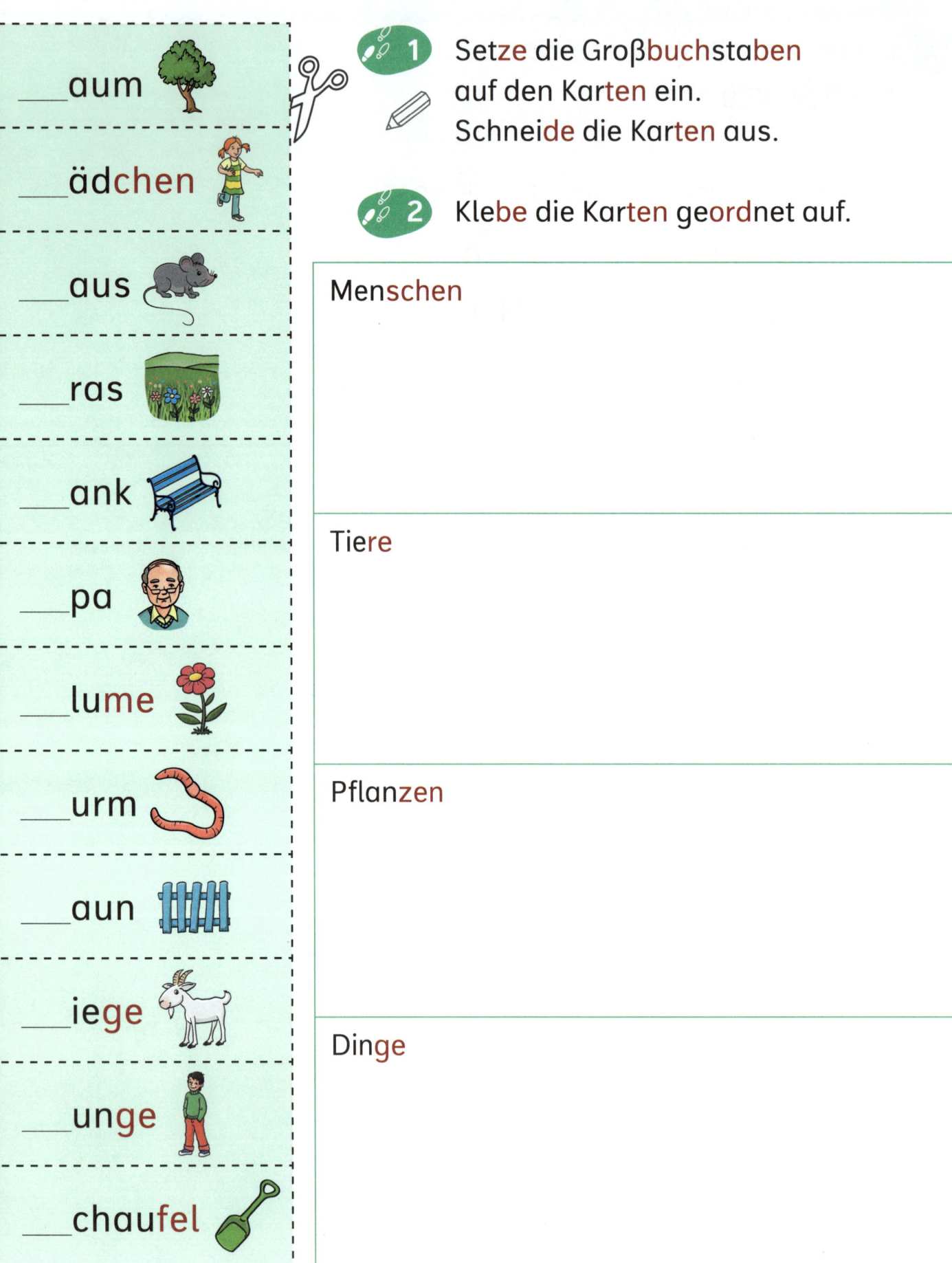

___aum

___ädchen

___aus

___ras

___ank

___pa

___lume

___urm

___aun

___iege

___unge

___chaufel

1 Setze die Großbuchstaben auf den Karten ein. Schneide die Karten aus.

2 Klebe die Karten geordnet auf.

Menschen

Tiere

Pflanzen

Dinge

 **1** Was gehört zusammen? Verbinde.

 **2** Was gehört zusammen? Verbinde.

eine Maus	viele Jungen
ein Junge	viele Mäuse
eine Blume	viele Blumen

 **3** Schreibe die fehlenden Wörter auf.

Einzahl	Mehrzahl
eine Ziege	viele
eine	viele Schaufeln
ein Opa	
	viele Blumen

Bestimmte Artikel kennenlernen

1 Verbinde.

der	Haus	🏠		der	Oma	👵
die	Junge	👦		die	Auto	🚗
das	Frau	👩		das	Mann	👨

2 Schreibe die Artikel vor die Nomen.
Zeige deine Arbeit einem Partnerkind.

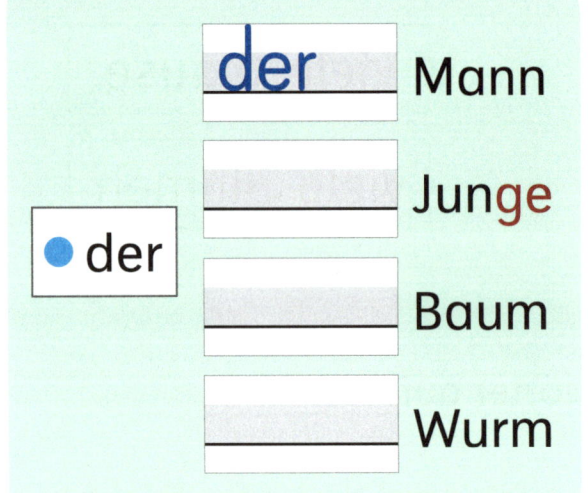

der		
	der	Mann
		Junge
		Baum
		Wurm

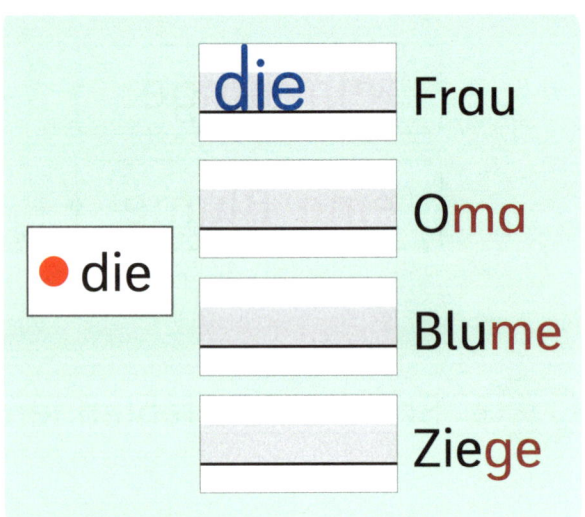

die		
	die	Frau
		Oma
		Blume
		Ziege

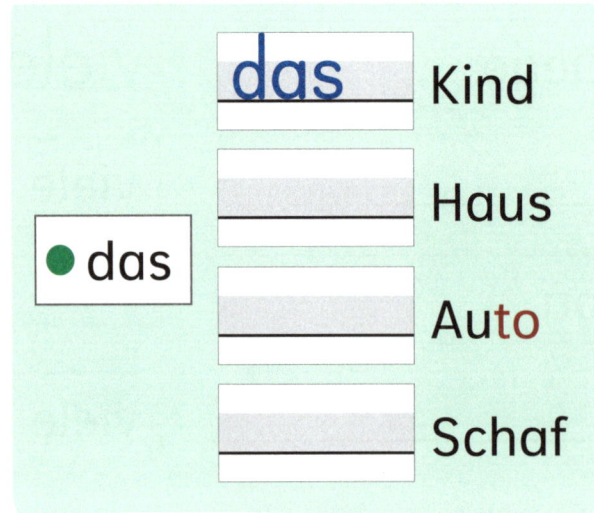

das		
	das	Kind
		Haus
		Auto
		Schaf

Gut gemacht!

48   Sprache untersuchen   › bestimmte Artikel kennenlernen   › Sprachbuch, Seite 49
› Leistungen von Wortarten untersuchen
› Nomen: Einzahl und Mehrzahl kennenlernen

1 Schreibe zu jedem Nomen den Artikel ● der, ● die, ● das.

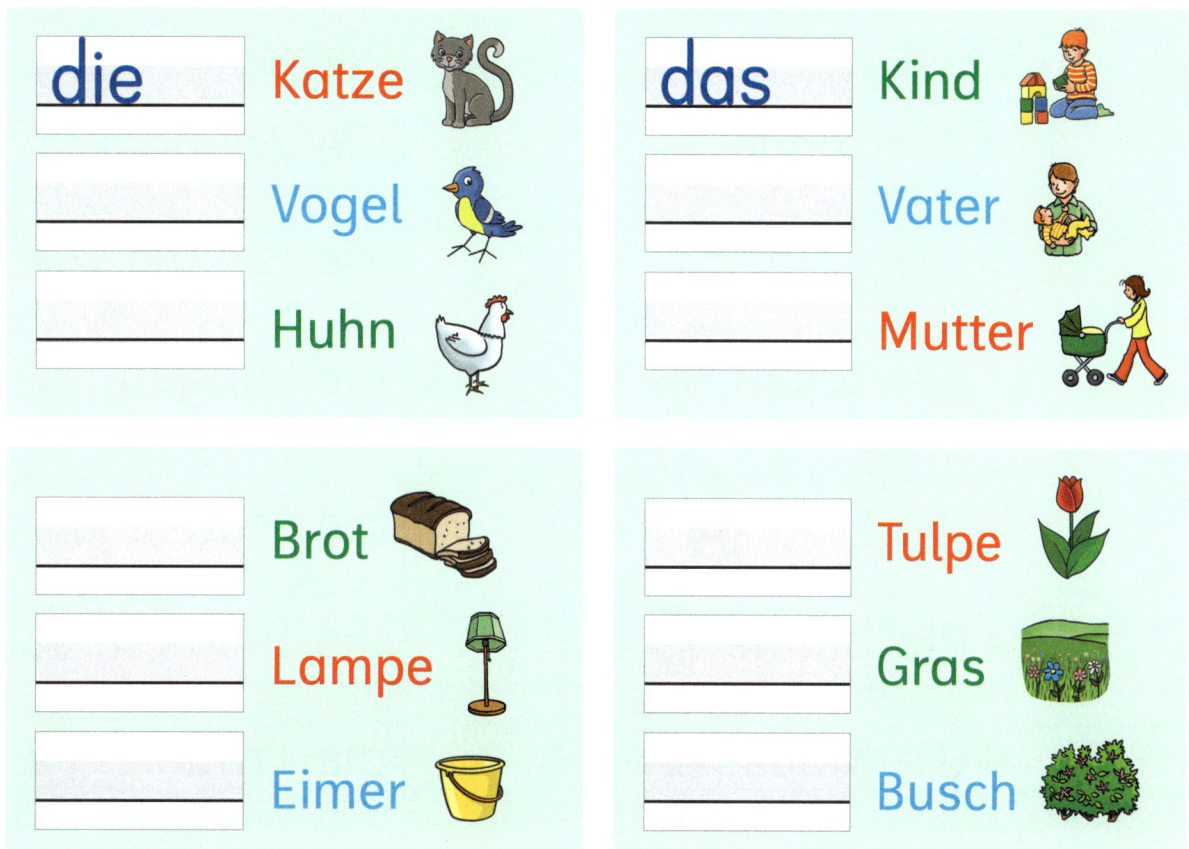

die ___ Katze

___ Vogel

___ Huhn

das ___ Kind

___ Vater

___ Mutter

___ Brot

___ Lampe

___ Eimer

___ Tulpe

___ Gras

___ Busch

2 Male die Felder in der Artikel-Farbe an:
● der, ● die, ● das.

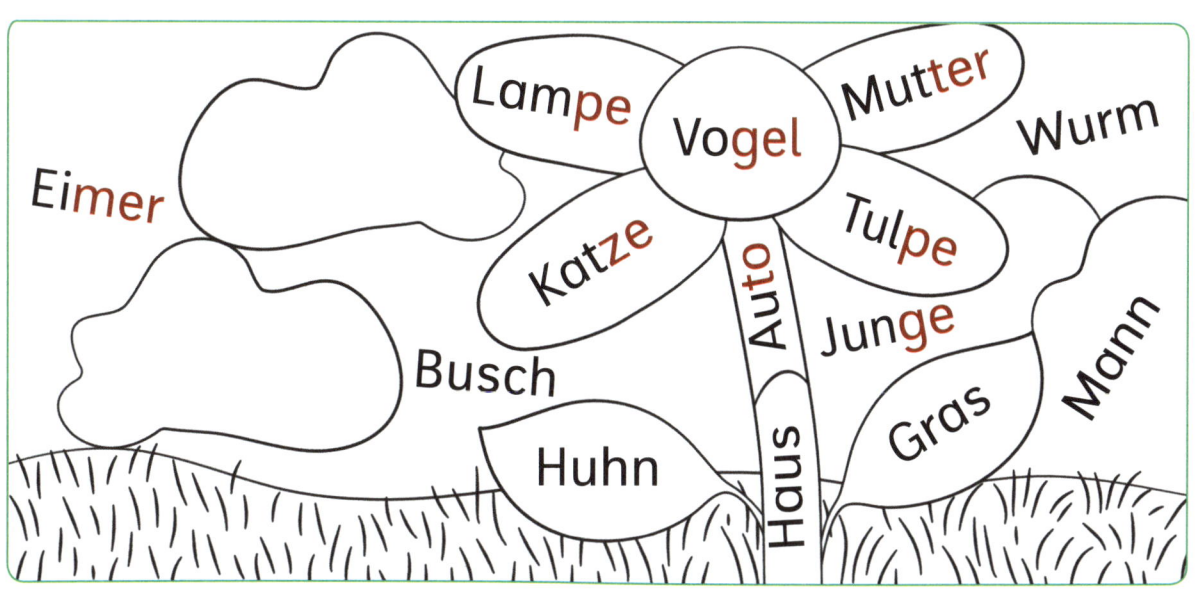

Eimer Lampe Vogel Mutter Wurm Katze Auto Tulpe Busch Junge Haus Gras Mann Huhn

Bestimmte Artikel kennenlernen

1 Lies die Wörter. Verbinde.

Einzahl   **Mehrzahl**

● der Junge   die Zäune

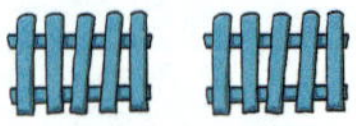

● der Zaun   die Bäume

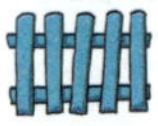

● der Baum   die Jungen

● die Frau   die Mäuse

● die Blume   die Blumen

● die Maus   die Frauen

● das Auto   die Autos

● das Kind   die Kinder

● das Brot   die Brote

2 Schreibe den Artikel für die Mehrzahl.

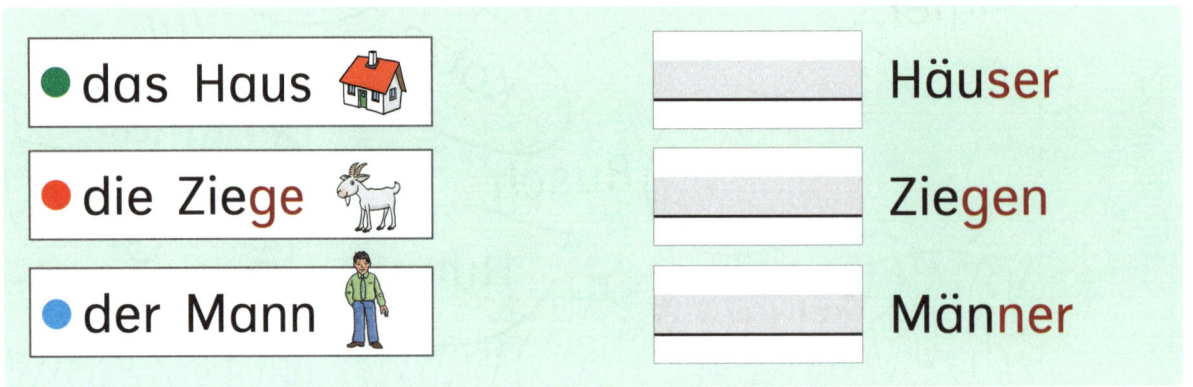

● das Haus   Häuser

● die Ziege   Ziegen

● der Mann   Männer

Sprache untersuchen   › bestimmte Artikel kennenlernen   › Sprachbuch, Seite 52
                      › Leistungen von Wortarten untersuchen
                      › Nomen: Einzahl und Mehrzahl kennenlernen

 **1** Schneide die Karten aus.
Spiele Domino: Einzahl – Mehrzahl.

 **2** Kreise die Artikel ein.

1. Im Garten steht der Baum.
2. Im Haus wohnen die Oma
3. und der Opa.
4. Im Stall leben das Schaf,
5. die Hasen und der Esel.

 **3** Wer lebt im Zoo? Schreibe.

Elefant   Zebra   Bär

Krokodil   Schlange

Im Zoo leben _____

_____

_____

_____

START	der Hase
die Hasen	die Frau
die Frauen	das Auto
die Autos	der Junge
die Jungen	die Blume
die Blumen	das Brot
die Brote	die Oma
die Omas	der Baum
die Bäume	der Eimer
die Eimer	das Kind
die Kinder	der Mann
die Männer	ENDE

1 Lies die Gedichte.
Welches gefällt dir am besten?
Male ein Bild dazu.

1 die Ziege

2 die freche Ziege,

3 die freche, lustige Ziege

4 kämmt

5 das Fell auf ihrer Liege.

1 der Floh,

2 der kleine Floh,

3 der kleine, süße Floh

4 ist verliebt

5 und freut sich so.

Ein Gedicht schreiben

1 Lies die Sätze.
Kreise die Reimwörter ein.

Laut heult die alte Eule,
sie hat am Kopf 'ne Beule.

Es wundert sich die Kuh,
sie fand im Stall 'nen Schuh.

Die Maus sitzt in der Tonne,
versteckt sich vor der Sonne.

2 Lies die Sätze.
Ergänze die Reimwörter. Schreibe.

Blume	Hose	Hund
	Pfütze	Buch

Der Zwerg mit der Mütze
springt in die _____.

Unter einem bunten Tuch
liest der Floh ein _____.

Der Dieb klaut eine Rose,
dabei reißt seine _____.

Schwein	Bein
Haus	Maus
Turm	Wurm
Kuh	Schuh
Mund	Hund
Ziege	Fliege
Rose	Hose
Suppe	Puppe
Hase	Rose
Pfanne	Kanne

Ein Gedicht schreiben: Reinwörter finden

 **1** Schneide die Karten aus. Spiele mit einem Partnerkind das Wortpaar-Spiel.

Gut gemacht!

 **2** Schreibe eigene Reime.

> aus   Haus   Fest   Hecke
> Schnecke   Laus   Nest

In der grünen _____

sitzt die kleine _____.

In ihrem schönen _____

feiert die Amsel ein _____.

Die kleine, freche _____

schläft ruhig in ihrem

_____.

Das Gedicht,

das ist jetzt _____!

1 Lies das Treppengedicht.
Kreise die Reimwörter ein.

1 Der Wurm,

2 der lange Wurm,

3 der lange, schlaue Wurm

4 kriecht

5 langsam auf den Turm.

2 Schreibe Treppengedichte.

1 Die <u>Meise</u> ,

2 die süße _____,

3 die süße, kleine _____,

4 geht vergnügt auf eine _____.

1 Die _____,

2 die dicke _____,

3 die dicke, alte _____

4 sitzt entspannt in ihrem _____.

Das kann ich jetzt!

 **1** Kreise die Großbuchstaben am Anfang ein.
Schreibe die Wörter auf.

Blume	Igel	Hund	Tisch

T t _____   B b _____

H h _____   I i _____

 2 Schreibe die fehlenden Wörter auf.

Einzahl

eine Rose

_____

ein Junge

Mehrzahl

_____

viele Hefte

_____

 **3** Schreibe zu jedem Nomen den Artikel.

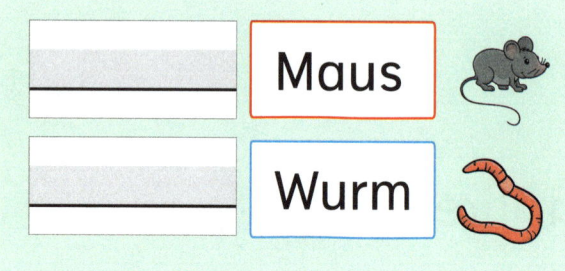

_____ Maus

_____ Wurm

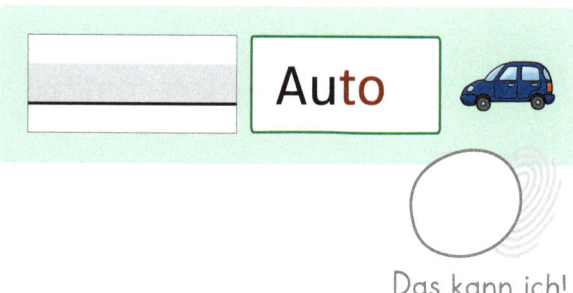

_____ Auto

Das kann ich!

Kapitel 4

1 Lies und verbinde.

| Brief | E-Mail | Postkarte |

2 Kreuze an.

Kann ich lesen			
Kann ich schreiben			
Kenne ich			

3 Wann schreibst du eine Einladung?
Kreuze an.

☐ Geburtstag feiern

☐ Fußball spielen

1 Lies und kreuze an.

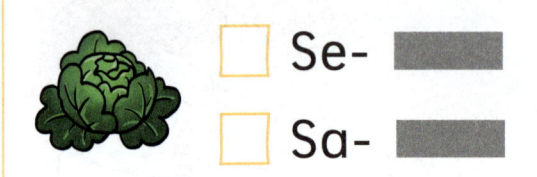

| | Se- ▬▬ |
| | Sa- ▬▬ |

| | Ku- ▬▬ |
| | Ka- ▬▬ |

2 Verbinde.

 · Nel
· Nes

 · Tel
· Tem

 · Tas
· Tor

 · Rat
· Rol

3 Verbinde.

Man · · mel
Mur · · ker
An · · tel

Wol · · ne
Wan · · ser
Mes · · le

 **1** Lies die Sätze. Kreuze an.

☐ Die Hände winken.
☐ Die Hunde bellen.

☐ Die Kinder rollen.
☐ Die Kinder rennen.

☐ Lulu und Paul schaukeln.
☐ Lasse und Mark schwimmen.

 **2** Lies die Verben.
 Verbinde sie mit den Bildern und Sätzen.

lesen — Ich suche.

schreiben — Ich lese.

rufen — Ich schreibe.

suchen — Ich rufe.

Gut starten   › genau Lesen
              › Funktionen von Verben kennenlernen
              › Verben verwenden

59

 **1** Lies und verbinde.

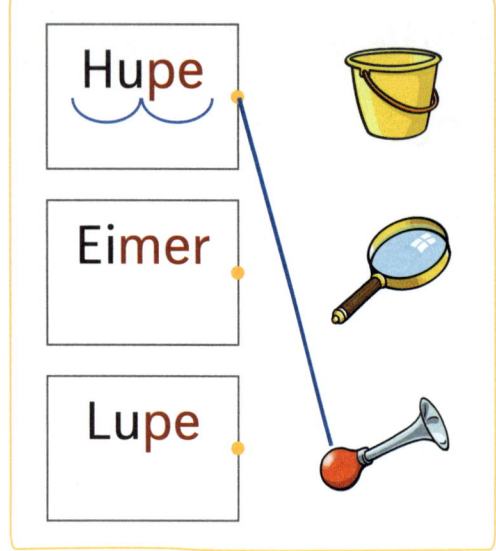

Hupe

Eimer

Lupe

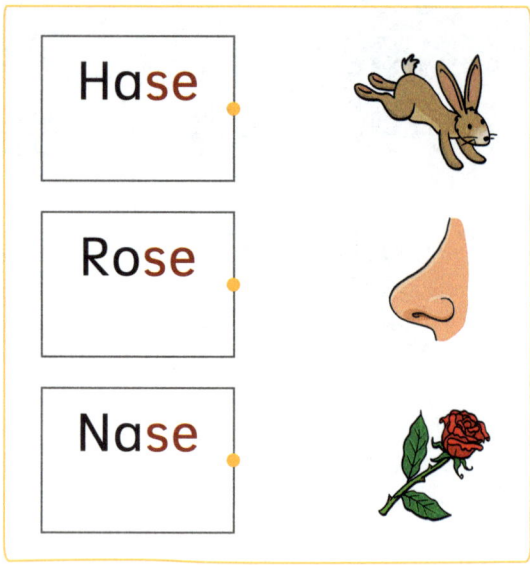

Hase

Rose

Nase

 **2** Schwinge die Wörter in Aufgabe 1.
Setze die Silbenbögen.

 **3** Lies und verbinde. Setze die Silbenbögen.

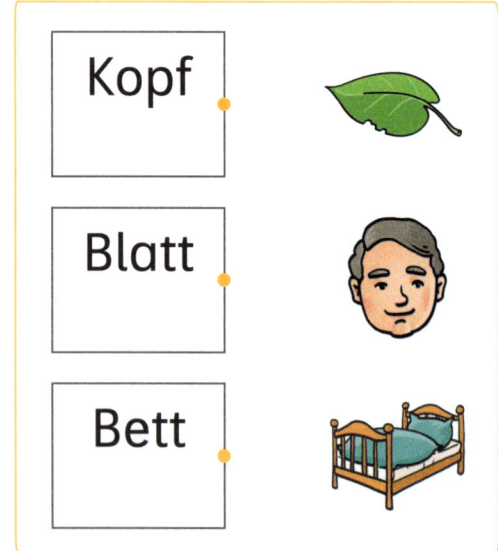

Kopf

Blatt

Bett

Kinder

Kette

Kanne

1 Lies die Wörter. Markiere die Silbenkerne.

Wol   ke

Bil   der

Lam   pe

Hun   de

Hef   te

Am   pel

2 Schwinge die Wörter in Aufgabe 1. Setze die Silbenbögen.

3 Was tun die Kinder? Schreibe die Verben zu den Bildern.
Markiere die Silbenkerne. Setze die Silbenbögen.

schlafen

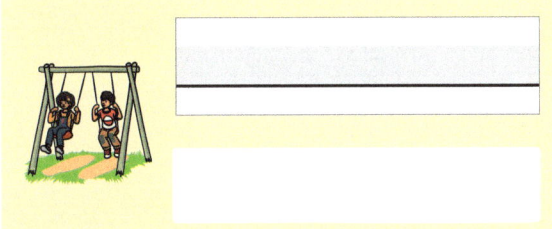

Richtig schreiben › Struktur von Silben untersuchen und kennenlernen › Sprachbuch, Seite 72, 73
› Wörter in Sprechsilben gliedern

61

1 Markiere die Silbenkerne.

H<u>o</u>se   Hupe   Nadel   Gabel

2 Setze __ unter den langen Vokal in der ersten Silbe.

3 Markiere die Silbenkerne.

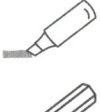

W<u>o</u>lke   Pinsel   Himmel   Kasten

4 Setze • unter den kurzen Vokal in der ersten Silbe.

5 Ordne die Wörter. Schreibe. Setze die Silbenbögen.

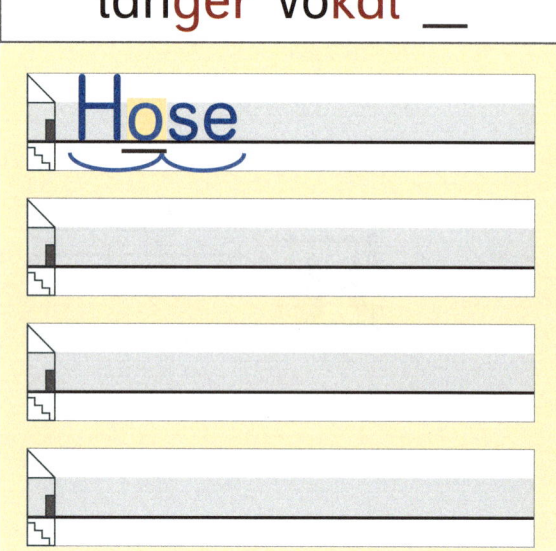

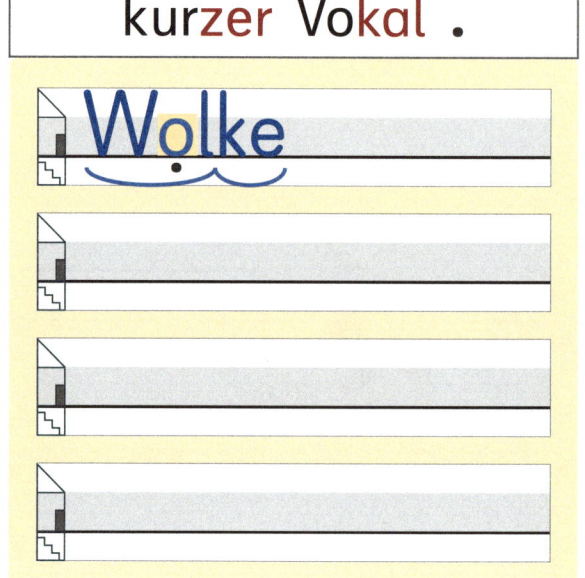

Richtig schreiben   › Lautqualität von Vokalen untersuchen   › Sprachbuch, Seite 72, 73
                › Struktur von Silben untersuchen und erkennen

 **1** Lies die Wörter mit einem Partnerkind.

 Jedes Kind liest eine Silbe.

Höre genau. Wie ist der Vokal in der ersten Silbe?

Hüte	Schafe	Hütte	Ratten	schaffen
raten	schiefe	kommen	lesen	Schiffe

 **2** Markiere die Silbenkerne in Aufgabe 1.

 Setze __ unter den langen Vokal in der ersten Silbe.

Setze **.** unter den kurzen Vokal in der ersten Silbe.

 Gut gemacht!

 **3** Ordne die Wörter von Aufgabe 1. Schreibe.

langer Vokal __	kurzer Vokal **.**

Verben kennenlernen

 **1** Wer tut was? Lies und verbinde.

Er malt.   Wir malen.

Die Grundform hat am Ende -en.
Die er-Form hat am Ende -t.

malen – er malt,
rufen – er ruft

 2 Male die Nomen rot an. Male die Verben grün an.

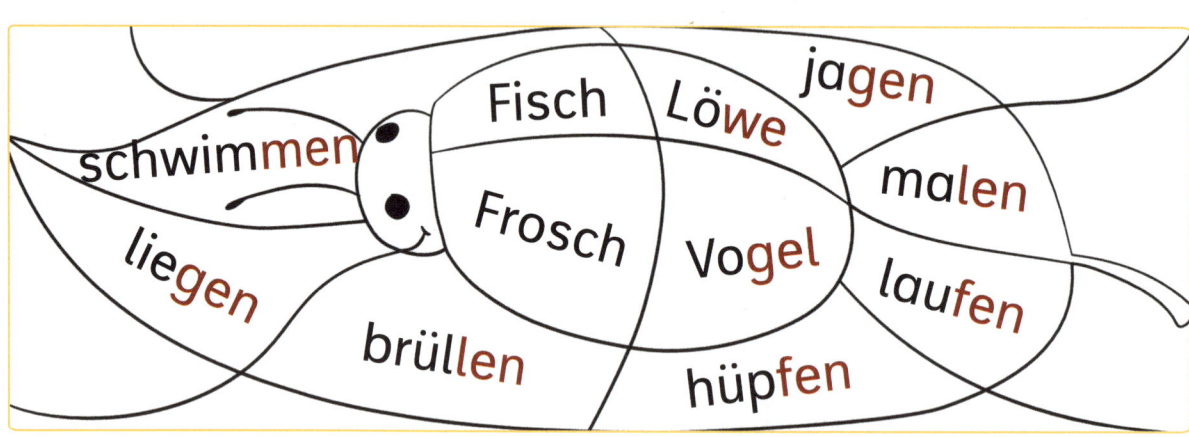

schwimmen   Fisch   Löwe   jagen   malen   liegen   Frosch   Vogel   laufen   brüllen   hüpfen

 3 Schreibe zwei Nomen aus Aufgabe 2 in die Tabelle.
 Schreibe die Verben in der Grundform und in der er-Form auf.
Kreise die Endungen ein.

Nomen		
Grundform	hüpfen	
Er-Form		er fliegt

  Sprache untersuchen   › Funktionen von Verben kennenlernen   › Sprachbuch, Seite 66, 67
     › Verben verwenden

 **1** Was tun die Tiere?
Schneide die grünen Karten aus. Lege Paare.

 **2** Welches Tier tut was?
Schreibe.

Miau!

miauen

Gack, gack!

Wau!

| bel | mi | ga |
| au | en | len | ckern |

suchen

essen

nagen

blöken

schwimmen

spielen

traben

miauen

 **1** Was tun die Kinder?
Lege Paare mit den blauen Karten.

malen	
lesen	
schreiben	
kochen	
spielen	
hören	
schneiden	
reden	

 **2** Lies und verbinde.

malen	kochen

Wir kochen.	Wir malen.

 **3** Schreibe Sätze mit den Verben.
 Kreise die Verben ein.

> malen   essen
> kochen

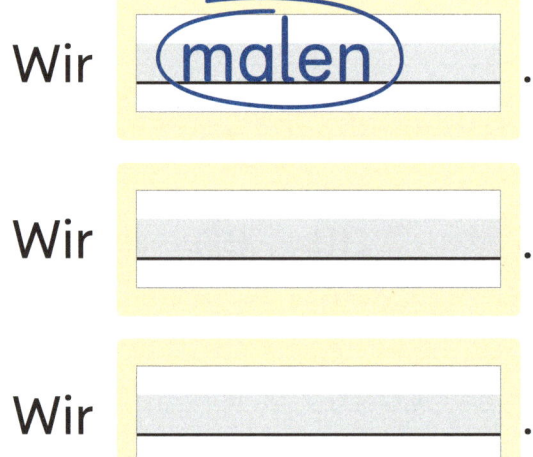

Wir ⟨malen⟩ .

Wir _____ .

Wir _____ .

Jede Personalform hat eine bestimmte Endung:
Ich koche, du kochst, er kocht,
wir kochen, ihr kocht, sie kochen

1 Verbinde. Achte auf die Endungen.

ich koche	sie kochen	du kochst

2 Welche Verbformen gehören zusammen?
Male sie mit der gleichen Farbe an.
Kreise die Endungen ein.

fegen	du rufst	ihr malt	ich fege
malen	ihr fegt	ihr ruft	du malst
rufen	ich male	du fegst	ich rufe

3 Schreibe die Personalformen. Kreise die Endungen ein.

sagen	ich _____	du _____

 **1** Elsa hat einen Brief geschrieben.

 Lies den Brief. Kreise die Verben ein.

Elsa, ich lade dich ein!

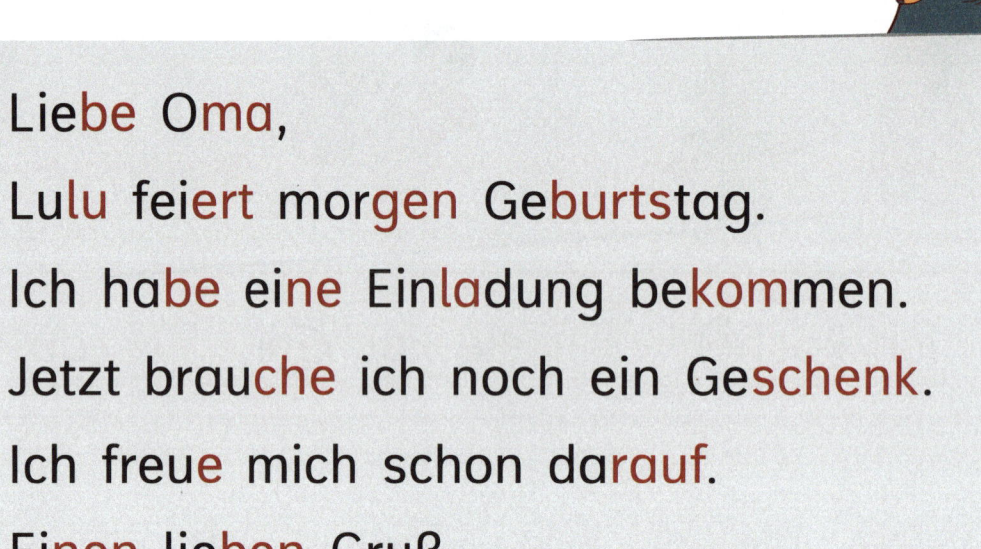

Liebe Oma,

Lulu feiert morgen Geburtstag.

Ich habe eine Einladung bekommen.

Jetzt brauche ich noch ein Geschenk.

Ich freue mich schon darauf.

Einen lieben Gruß,

Elsa

 **2** Lies die Wörter. Schreibe die Personalform auf.

brauchen   ich

fahren   wir

feiern   du

kommen   du

1 Schreibe die Einladung.
Schreibe die fehlenden Wörter in die Lücken.

Achte auf die Farben!

Liebe Elsa _____,

Ich lade dich zu meinem _____

am _____ ein.

Wir treffen uns um _____

am neuen _____.

Bring bitte _____ mit!

Viele Grüße! _____

~~Liebe Elsa~~   Geburtstag   21. Juli

15 Uhr   Schwimmbad   Schwimmsachen

Deine Lotta

---

2 Was will Elsa wissen?
Sage die Antworten einem Partnerkind.

Gut gemacht!

Eine Einladung schreiben

1 Die Klasse 2a will ein Klassenfest feiern.
Hilf den Kindern. Sortiere die Fragen. Schreibe.

> Wan?
> Wie spät?

> Wo?

> Was?

> Wen laden
> wir ein?

15 Uhr	Schulhof	22. Juni
Mama	Klassenfest	2a

2 Schreibe die Einladung.

Wen? _____

Was? _____

Wann? _____

Wie spät? _____

Wo? _____

Wer lädt ein? _____

1 Schreibe eine Einladung.
Die Wörter in den Luftballons helfen dir.

Einladung

_____

_____

_____

_____

_____

_____

_____

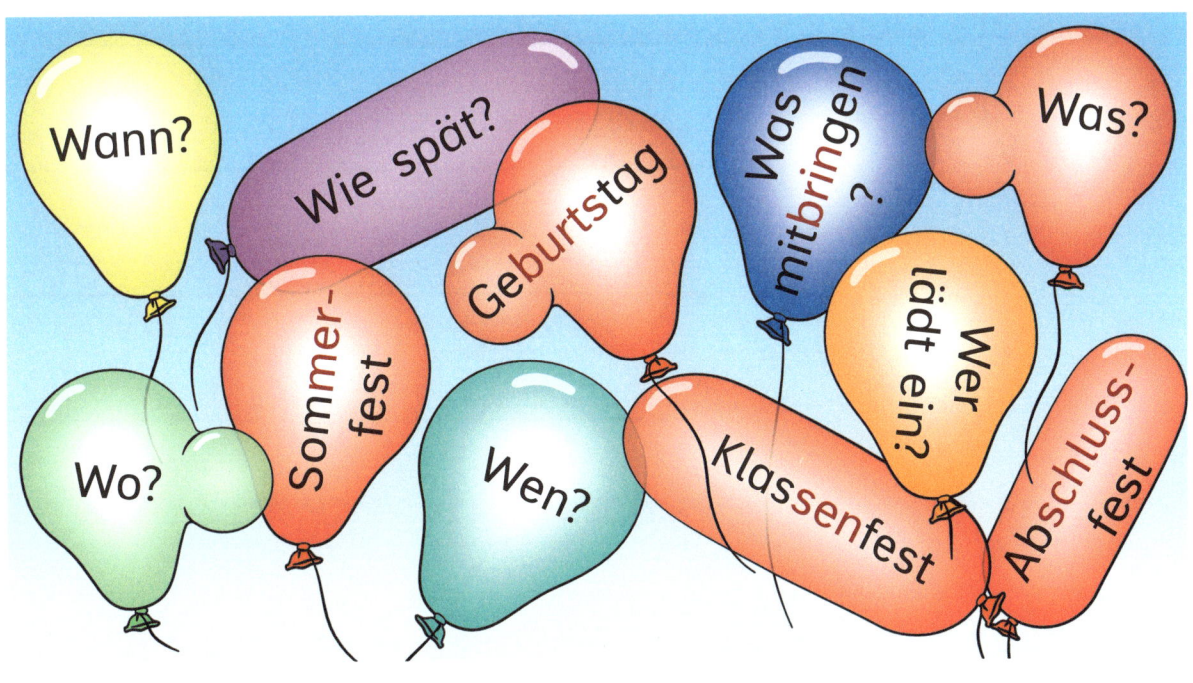

Das kann ich jetzt!

1 Ist der Vokal in der ersten Silbe lang oder kurz?
Setze __ unter einen langen Vokal
oder . unter einen kurzen Vokal.

baden	Hose	holen	Wale
Teller	Wasser	Wolle	rollen

1 Schreibe die Personalform.

	holen	rennen
ich		
du		
er / sie / es		
wir		
ihr		
sie		

Das kann ich!

Kapitel 5

 **1** Wo sind Uno und Murmel? Kreise ein.

 **2** Wo sind Uno und Murmel? Verbinde.

 •　　• auf der grünen Wiese

 •　　• in der roten Tasche

1 Verbinde. Schreibe die Nomen mit Artikel.

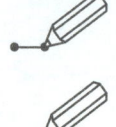

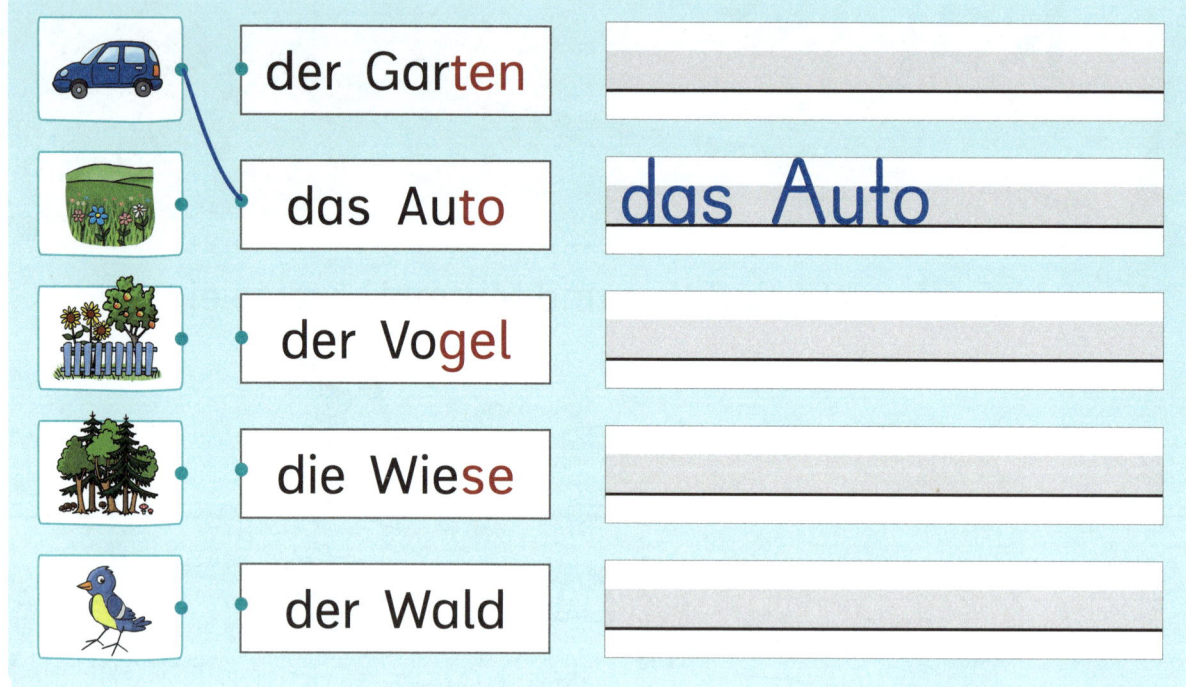

der Garten

das Auto — das Auto

der Vogel

die Wiese

der Wald

2 Lies. Kreuze an.

Wie ist das Auto?  ☒ schnell ☐ süß

Wie ist der Vogel?  ☐ schwarz ☐ weiß

Wie ist die Wiese?  ☐ bunt ☐ dunkel

Wie ist der Hund?  ☐ klein ☐ grün

 **1** Lies die Sätze.

 Uno will Gassi gehen.

Er geht mit Elsa zu einer grünen Wiese.

Sie spielen mit einem roten Ball.

Am Abend ist Uno müde.

 **2** Schneide die Bilder aus. Ordne die Bilder.
Klebe sie in der richtigen Reihenfolge auf.

1	2	3

 **3** Schreibe die Sätze aus Aufgabe 1
in der richtigen Reihenfolge ab.

 **4** Erzähle die Geschichte einem Partnerkind.

 Gut gemacht!

 **1** Male das Bild aus.

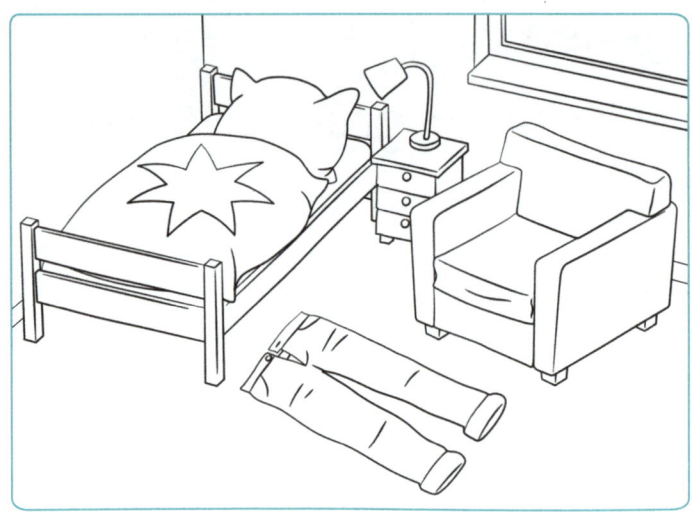

der gel**be** Stern

die blau**e** Bett**d**ecke

der grü**ne** Ses**s**el

das grau**e** Bett

die ro**te** Ho**s**e

 **2** Male dein Kin**d**erzim**m**er.

 **3** Be**s**chrei**b**e dein Zim**m**er
ei**n**em Part**n**erkind.

Gut gemacht!

Adjektive kennenlernen

1 Schneide die blauen Karten
an den gestrichelten Linien aus.

2 Lies die Adjektive
auf den blauen Karten.
Schau die Bilder an.

3 Suche dir ein Partnerkind. Spielt
Domino. Verteilt die blauen Karten.
Die -Karte beginnt.

4 Lies und kreuze an.

blau	
rot	
heiß	
kalt	
lustig	
leicht	
braun	
alt	

☐ die grüne Wiese
☐ die gelbe Blume

☐ der helle Stern
☐ der dunkle Wald

☐ der rote Topf
☐ die blaue Pfanne

☐ die süße Torte
☐ der saure Apfel

1 Ordne die Adjektive zu.
Schreibe.

_____	_____

schwarz   hell   rot   groß
frech   klein   stark   schnell

_____	_____

_____	_____

 **1** Lies genau. Setze die Adjektive ein.
 Schreibe. Achte auf die Endungen.

weiche	bunte	süße	braune

die <u>braune</u> Tür

die _____ Torte

das _____ Sofa

die _____ Limonade

 **2** Schreibe im ganzen Satz.
 Kreise die Adjektive ein.

 Das ist eine braune Tür.

Das ist eine bunte Torte.

1 Welche Wörter möchtest du üben? Kreuze zwei Wörter an.

☒ Vogel

☐ Vater

☐ Klavier

☐ Kurve

2 Schreibe die beiden Wörter in die Rahmen.
Übe die Wörter in den Linien darunter.

Vogel

3 Suche dir ein Partnerkind. Überprüft die Wörter.

Gut gemacht!

1 Welche Wörter möchtest du üben? Kreuze zwei Wörter an.

☐ Yak

☐ Pony

☐ Baby

☐ Handy

2 Schreibe die beiden Wörter in die Rahmen.
Übe die Wörter in den Linien darunter.

3 Suche dir ein Partnerkind. Überprüft die Wörter.

Gut gemacht!

Merkwörter mit C üben

1 Welche Wörter möchtest du üben? Kreuze zwei Wörter an.

- ☐ Computer
- ☐ Clown
- ☐ Cent
- ☐ Creme

2 Schreibe die beiden Wörter in die Rahmen.
Übe die Wörter in den Linien darunter.

3 Suche dir ein Partnerkind. Überprüft die Wörter.

Gut gemacht!

Richtig schreiben › Rechtschreibstrategien anwenden: Merkwörter mit C üben › Sprachbuch, Seite 94

 **1** Welche Wörter möchtest du üben? Kreuze zwei Wörter an.

- ☐ Hexe
- ☐ Mixer
- ☐ Boxer
- ☐ Taxi

 **2** Schreibe die beiden Wörter in die Rahmen.
Übe die Wörter in den Linien darunter.

 **3** Suche dir ein Partnerkind. Überprüft die Wörter.

Gut gemacht!

 **1** Erzähle die Bildergeschichte.

 **2** Lies und schreibe ab.

 Das Stadtfest

Umut, Lulu, Paul und Elsa gehen zum Stadtfest.

Am Autoscooter planen sie eine Wettfahrt.

Texte verfassen   › Reihenfolge beachten   › Sprachbuch, Seite 84, 85, 96, 97
› eine Geschichte nach Bildern erzählen

Elsa gewinnt die Wettfahrt.

Die Gewinnerin bekommt eine Zuckerwatte.

3 Was hast du gewonnen? Was denkst du?
Schreibe oder male.

1 Entscheide. Setze ein Adjektiv ein. Schreibe.

🖊 **Das Stadtfest**

Umut, Lulu, Paul und Elsa gehen

zum _____ Stadtfest.
   schönen/lustigen

Am Autoscooter planen sie

eine _____ Wettfahrt.
   schnelle/spannende

Elsa gewinnt die Wettfahrt.

Die Gewinnerin bekommt als Preis

eine _____ Zuckerwatte.
   süße/große

2 Setze die Adjektive ein. Achte auf die Endung.

🖊

| kleine | | der | _kleine_ | Hund |

| runde | | der | _____ | Ball |

 **1** Was siehst du auf dem Bild?
Erzähle einem Partnerkind.

Gut gemacht!

 **2** Schreibe auf. Benutze Adjektive.

schnell	glücklich	süß	bunt	rot
heiß	groß	bunt		klein

_____

_____

_____

_____

Das kann ich jetzt!

 **1** Finde die 12 Merkwörter. Kreise ein.

W	E	Y	H	E	X	E	V	E	U
I	R	V	A	T	E	R	O	V	N
E	C	R	E	M	E	Q	G	U	P
S	B	C	L	O	W	N	E	L	P
E	H	M	I	Z	L	S	L	K	O
X	A	I	W	I	U	U	K	A	N
M	N	X	A	E	C	G	D	N	Y
W	D	E	L	J	A	E	Y	S	N
S	Y	R	D	H	O	L	E	E	M
P	C	O	M	P	U	T	E	R	F

  2 Lies. Schreibe das richtige Adjektiv.

👁 Das Monster hat …

✏ … fünf _____ Augen.

   grüne/gelbe

… drei _____ Arme auf dem Kopf.

   lange/kurze

… eine _____ Nase.

   dünne/dicke

Das kann ich!

Kapitel 6

1 Welche Figur möchtest du sein? Kreuze an.

☐ Prinzessin   ☐ Monster

☐ Superheld

2 Wie ist die Figur? Kreuze an.

☐ schön   ☐ mutig   ☐ gruselig

☐ schlau   ☐ stark   ☐ _____

3 Was erlebst du als diese Figur?
Male und schreibe.

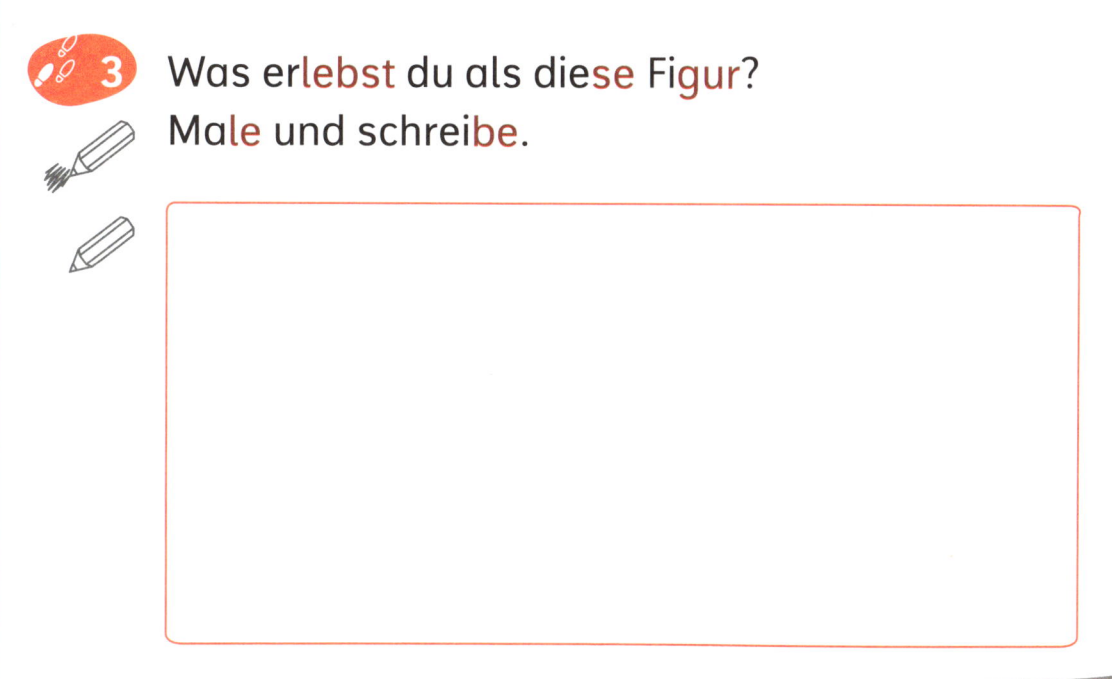

1 Lies und setze ein. Schreibe.

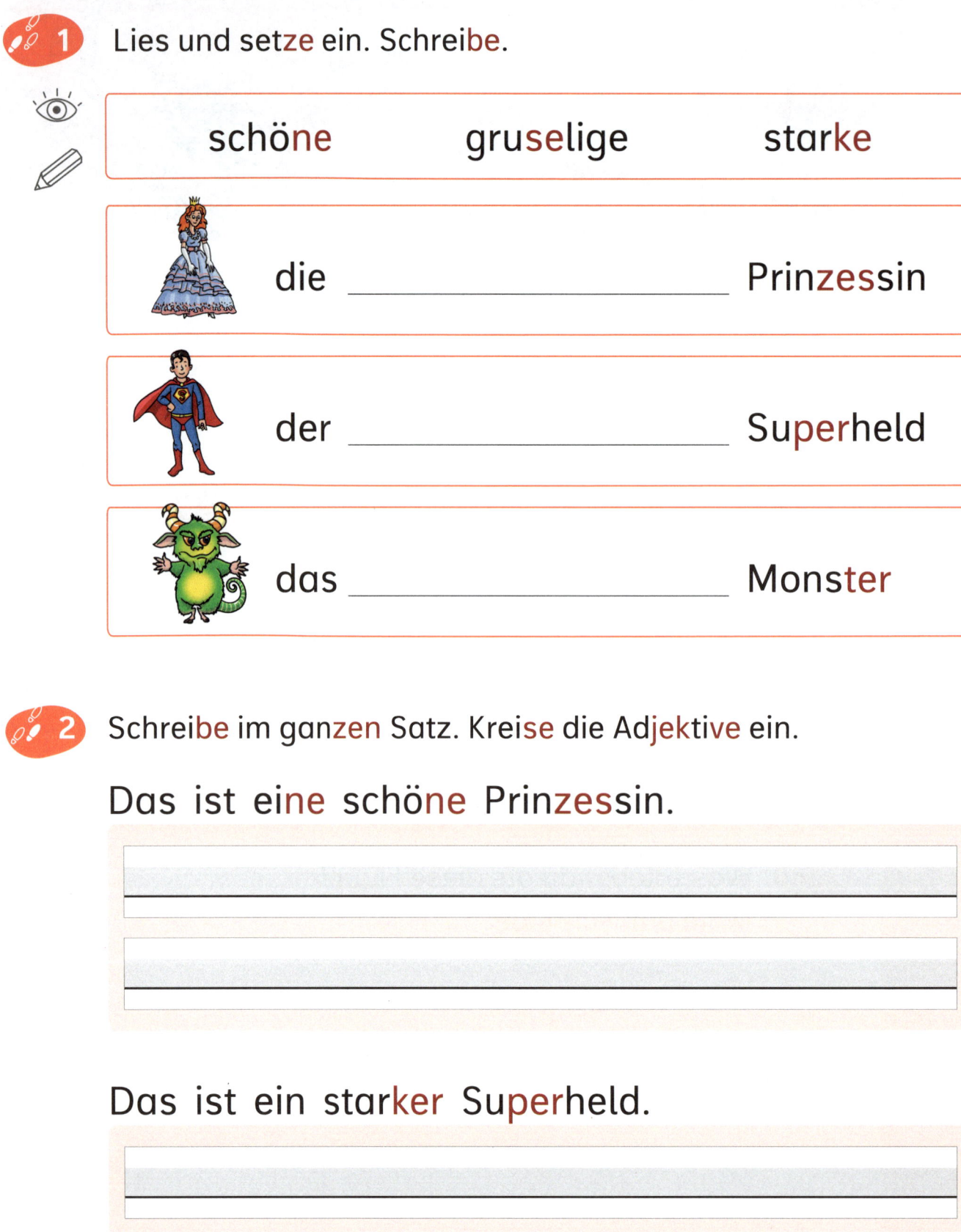

| schöne | gruselige | starke |

die _____ Prinzessin

der _____ Superheld

das _____ Monster

2 Schreibe im ganzen Satz. Kreise die Adjektive ein.

Das ist eine schöne Prinzessin.

Das ist ein starker Superheld.

 **1** Lies die Geschichte.

1 Lulu macht eine Verkleidungsparty.

2 Umut verkleidet sich als Monster.

3 Lulu ist Prinzessin.

4 Elsa fürchtet sich vor dem Monster.

5 Paul verkleidet sich als Superheld.

6 Er rettet Piratin Elsa.

7 Sie essen gemeinsam Kuchen.

 **2** Schneide aus und ordne die Bilder.
Klebe sie hier auf.

1   2

1   2

 **4** Erzähle die Geschichte einem Partnerkind.

Gut gemacht!

1 Kreise den Wortstamm **Schul** oder **schul** ein.

(Schule)	Schulhof	Schulsprecher
Schulbuch	Schulhund	Schulgarten
Schultasche	Musikschule	Schultüte

2 Schreibe die Wörter von Aufgabe 1 auf.

92   Sprache untersuchen   › Wörter strukturieren   › Sprachbuch, Seite 104, 105, 110
› sprachliche Begriffe kennen: Wortfamilie,
Wortstamm

1 Welchen Wortstamm haben die Wörter? Kreise ein.

beliebt ☒   ☐ Liebe   ☐ lieben   verlieben ☐   ☐ Liebespaar

2 Welche Wörter möchtest du üben? Kreuze 2 Wörter an.

3 Schreibe die beiden Wörter in die Rahmen.
Übe die Wörter in den Linien darunter.

beliebt

4 Suche dir ein Partnerkind. Überprüft die Wörter.

Gut gemacht!

1 Welchen Wortstamm haben die Wörter? Kreise ein.

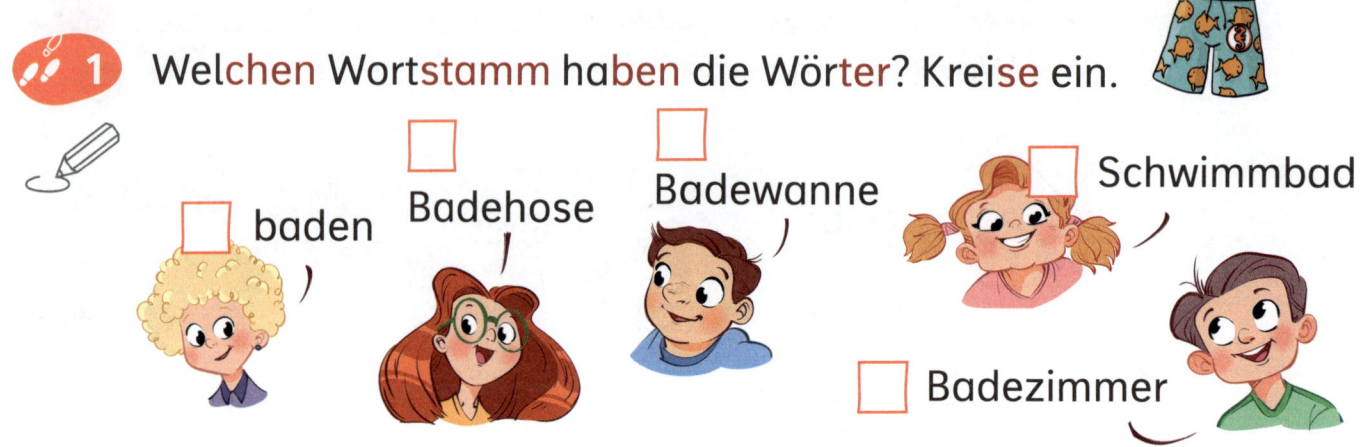

☐ baden ☐ Badehose ☐ Badewanne ☐ Schwimmbad

☐ Badezimmer

2 Welche Wörter möchtest du üben? Kreuze 2 Wörter an.

3 Schreibe die beiden Wörter in die Rahmen.
Übe die Wörter in den Linien darunter.

4 Suche dir ein Partnerkind. Überprüft die Wörter.

Gut gemacht!

1 Welchen Wortstamm haben die Wörter? Kreise ein.

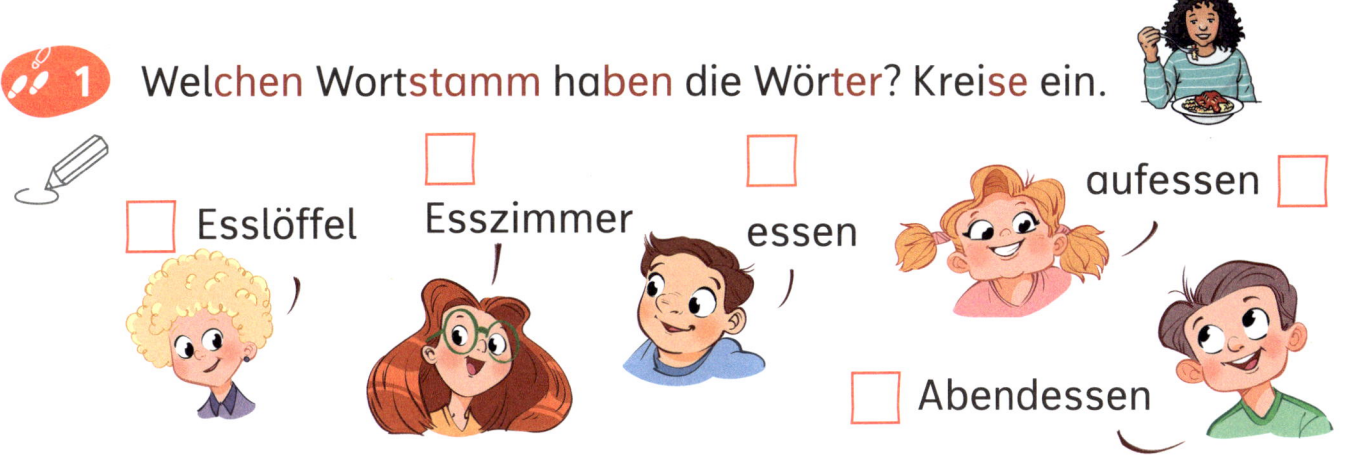

Esslöffel □ Esszimmer □ essen □ aufessen □

Abendessen □

2 Welche Wörter möchtest du üben? Kreuze 2 Wörter an.

3 Schreibe die beiden Wörter in die Rahmen.
Übe die Wörter in den Linien darunter.

4 Suche dir ein Partnerkind. Überprüft die Wörter.

Gut gemacht!

1 Lies die Wörter einem Partnerkind vor.
Verbinde.

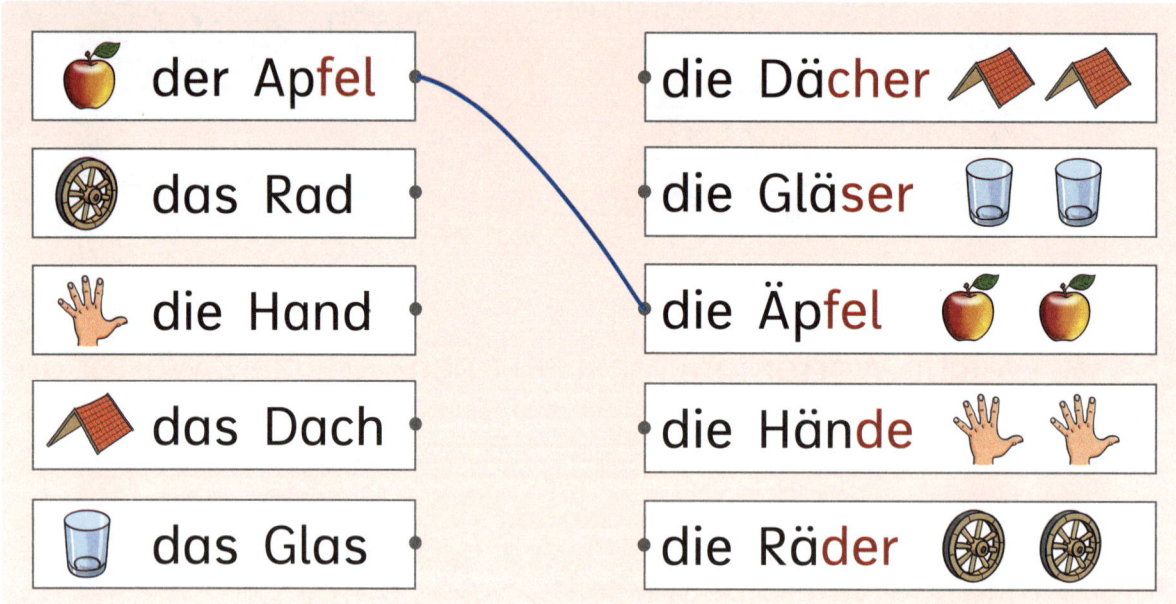

der Apfel	die Dächer
das Rad	die Gläser
die Hand	die Äpfel
das Dach	die Hände
das Glas	die Räder

2 Schreibe die Wörter aus Aufgabe 1 in die Tabelle.
Kreise in allen Wörtern **a** und **ä** ein.

Einzahl	Mehrzahl
der Apfel	die Äpfel

› Rechtschreibstrategien: Wortstamm beachten › Sprachbuch, Seite 112
› morphematische Strategien: Ableiten

1 Lies die Wörter einem Partnerkind vor.
Verbinde.

die Wand	die Schränke
das Band	die Wände
der Zahn	die Zähne
der Schrank	die Bänder
der Wald	die Wälder

2 Schreibe die Wörter aus Aufgabe 1 in die Tabelle.
Kreise in allen Wörtern **a** und **ä** ein.

Einzahl	Mehrzahl
die Wand	die Wände

 **1** Lies die Wörter einem Partnerkind vor.

 Verbinde.

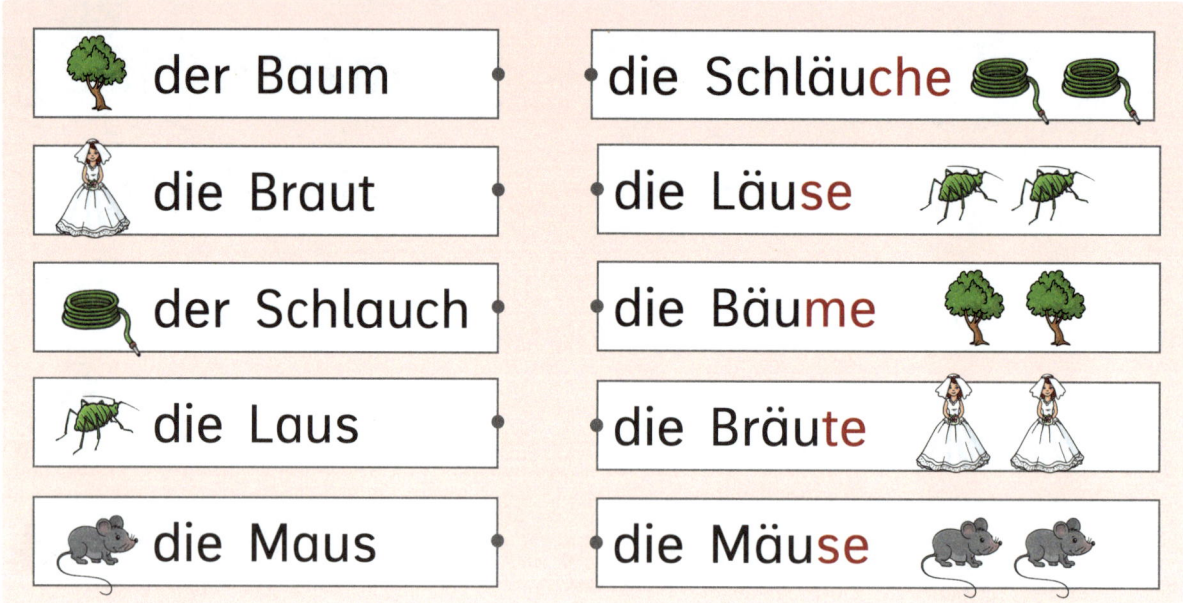

Einzahl	Mehrzahl
der Baum	die Schläuche
die Braut	die Läuse
der Schlauch	die Bäume
die Laus	die Bräute
die Maus	die Mäuse

 **2** Schreibe die Wörter aus Aufgabe 1 in die Tabelle.

 Kreise in allen Wörtern **au** und **äu** ein.

Einzahl	Mehrzahl
der Baum	die Bäume

› Rechtschreibstrategien: Wortstamm beachten   › Sprachbuch, Seite 113
› morphematische Strategien: Ableiten

1 Lies die Wörter einem Partnerkind vor.
Verbinde.

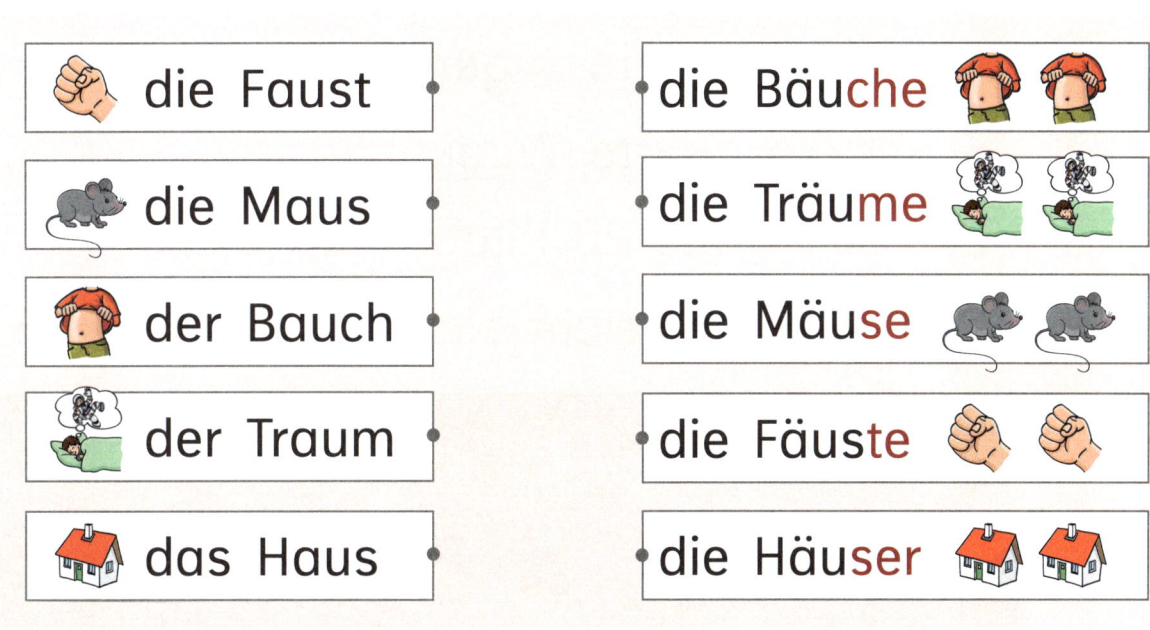

die Faust •   • die Bäuche

die Maus •   • die Träume

der Bauch •   • die Mäuse

der Traum •   • die Fäuste

das Haus •   • die Häuser

2 Schreibe die Wörter aus Aufgabe 1 in die Tabelle.
Kreise in allen Wörtern **au** und **äu** ein.

Einzahl	Mehrzahl
die Faust	die Fäuste

Richtig schreiben   › Rechtschreibstrategien: Wortstamm beachten   › Sprachbuch, Seite 113
                    › morphematische Strategien. Ableiten

99

 **1** Schau dir das Bild an und lies die Überschrift.

 1 **Auf der Jagd**

2 Der Tiger ist ein Jäger.

3 Er ist die größte Wildkatze.

4 Er frisst 8 bis 20 Kilogramm Fleisch am Tag.

5 Der Tiger schleicht sich an seine Beute heran.

 **2** Lies den Text einem Partnerkind vor.

Gut gemacht!

 **3** Kreuze an.

 Der Tiger ist... ☐ ein Fisch.

☐ eine Wildkatze.

☐ ein Mensch.

1 Lies den Sachtext über den Tiger weiter.

1 Der Tiger erlegt

2 das Beutetier

3 mit einem Biss.

4 Er kann auf der Jagd

5 durch einen Fluss

6 schwimmen.

7 Er frisst gerne Hirsche.

8 Der Tiger mag Wasser.

2 Lies den Text einem Partnerkind vor.

Gut gemacht!

3 Was stimmt? Kreuze an.

	ja	nein
Der Tiger kann schwimmen.	☐	☐
Der Tiger frisst gerne Bananen.	☐	☐
Der Tiger mag kein Fleisch.	☐	☐
Der Tiger ist eine Hauskatze.	☐	☐
Der Tiger mag Wasser.	☐	☐

Einen Sachtext schreiben

1 Lies die Wörter. Schreibe sie in die passenden Lücken.

| Jäger | Beute | Fleisch | Wildkatze | Tiger |

1 Der Tiger ist ein _____.

2 Er ist die größte _____.

3 Er frisst 8 bis 20 Kilogramm _____

4 am Tag.

5 Der _____ schleicht sich

6 an seine _____ heran.

2 Lies den Text einem Partnerkind vor.

Gut gemacht!

3 Male ein Bild zum Text.

Texte verfassen   › nach Anregung eigene Texte schreiben: Sachtext

1 Lies die Wörter. Schreibe sie in die passenden Lücken.

| Hirsche | Beutetier | Wasser | Fluss |

1 Der Tiger erlegt das _____

2 mit einem Biss.

3 Er kann auf der Jagd

4 durch einen _____ schwimmen.

5 Er frisst gerne _____.

6 Der Tiger mag _____.

2 Lies den Text einem Partnerkind vor.

Gut gemacht!

3 Male ein Bild zum Text.

Das kann ich jetzt!

1 Kreise den Wortstamm **Bad/bad** und **Ess/ess** ein.

> baden   Badetuch   Schwimmbad   Badewanne
>
> essen   Esstisch   Esslöffel   Abendessen

2 Was gehört zusammen? Verbinde.

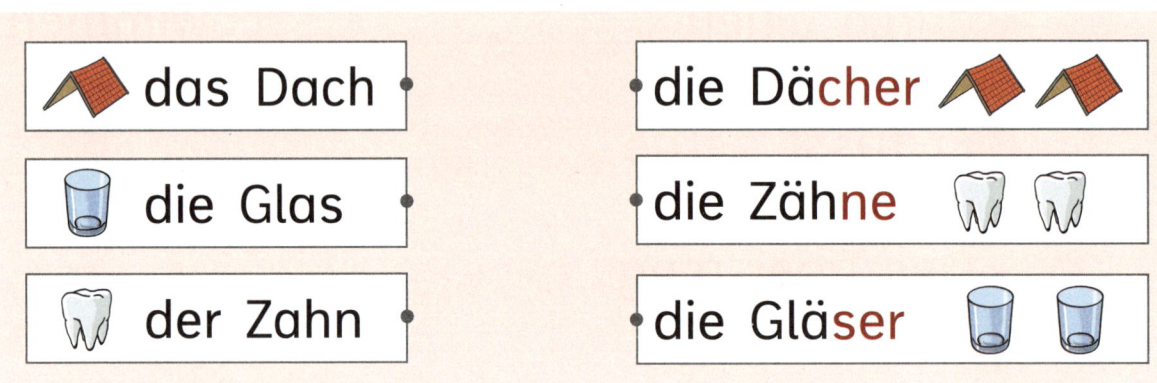

das Dach	die Dächer
die Glas	die Zähne
der Zahn	die Gläser

3 Lies die Wörter. Setze ein.

> Streifen   grün   Fell   Pfoten

Der Tiger hat ein orangefarbenes _____

mit schwarzen _____ .

Seine Augen sind _____ .

Die _____ sind weiß.

Das kann ich!